철학을 높고 먼 곳에서 가깝고 친근한 일상의 지평으로 끌어내림으로써
근대 철학의 출발을 알린 데이비드 흄(1711~1776).

스코틀랜드 계몽주의를 선도한 에든버러

스코틀랜드는 17세기 말까지만 해도 사회경제적으로 뒤처져 있었으나, 18세기로 접어들면서 이성을 인간 본연의 특질로 파악한 계몽주의가 만개하며 학문과 문화의 중심지로 자리매김했다. 흄을 비롯하여 애덤 스미스, 프랜시스 허치슨, 토머스 리드 등 다수의 계몽주의 사상가들이 에든버러와 글래스고를 중심으로 활동했다. 특히 에든버러는 지식의 수도로서 '북쪽의 아테네' 혹은 '근대의 아테네'라 불리며 서양 철학의 중심지로 우뚝 올라섰다.

에든버러 구시가지의 중심 거리인 로열마일

에든버러는 크게 동서를 가로지르는 프린스스트리트를 중심으로 남쪽으로 중세 도시의 외관을 간직하고 있는 구시가지, 북쪽으로 18세기 중반 이후 개발된 신시가지로 나누어진다. 흄은 구시가지의 로열마일에 있는 론마켓에서 태어났으며, 청년기 초반을 이 일대에서 보냈다. 로열마일은 원래 왕족과 귀족만이 다닐 수 있는 길이었으며, 서민들은 클로스라 불리는 작은 골목길로 다녔다. 오랜 세월의 흔적을 느낄 수 있는 이곳은 오늘날 에든버러 여행의 백미로 꼽힌다. 로열마일에는 현재 흄의 동상이 세워져 있다.

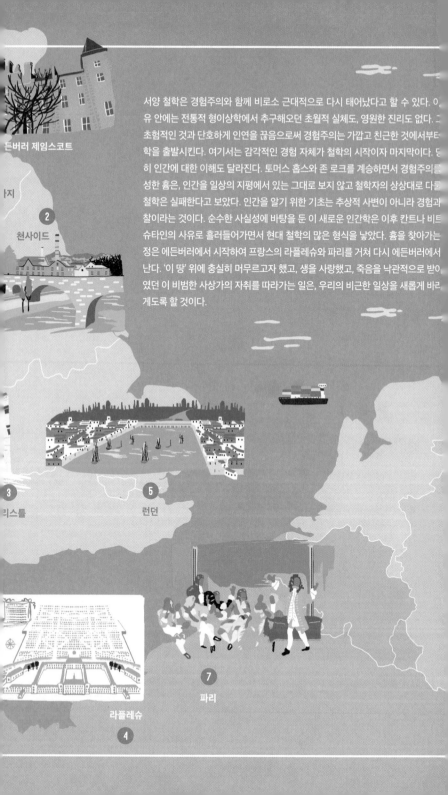

서양 철학은 경험주의와 함께 비로소 근대적으로 다시 태어났다고 할 수 있다. 이 유 안에는 전통적 형이상학에서 추구해오던 초월적 실체도, 영원한 진리도 없다. 그 초험적인 것과 단호하게 인연을 끊음으로써 경험주의는 가깝고 친근한 것에서부터 학을 출발시킨다. 여기서는 감각적인 경험 자체가 철학의 시작이자 마지막이다. 당 히 인간에 대한 이해도 달라진다. 토머스 홉스와 존 로크를 계승하면서 경험주의를 성한 흄은, 인간을 일상의 지평에서 있는 그대로 보지 않고 철학자의 상상대로 다룬 철학은 실패한다고 보았다. 인간을 알기 위한 기초는 추상적 사변이 아니라 경험과 찰이라는 것이다. 순수한 사실성에 바탕을 둔 이 새로운 인간학은 이후 칸트나 비트 슈타인의 사유로 흘러들어가면서 현대 철학의 많은 형식을 낳았다. 흄을 찾아가는 정은 에든버러에서 시작하여 프랑스의 라플레슈와 파리를 거쳐 다시 에든버러에서 난다. '이 땅' 위에 충실히 머무르고자 했고, 생을 사랑했고, 죽음을 낙관적으로 받아 였던 이 비범한 사상가의 자취를 따라가는 일은, 우리의 비근한 일상을 새롭게 바라 게도록 할 것이다.

든버러 제임스스코트

지

2
천사이드

3
리스틀

5
런던

7
파리

4
라플레슈

데이비드 흄의 생애와 사상 공간

에든버러 론마켓

에든버러 신시

브

❶ 에든버러 론마켓 스코틀랜드
흄이 태어난 곳

데이비드 흄은 1711년 4월 26일 에든버러 구시가지에 있는 론마켓에서 태어나 청년기 초반을 이 일대에서 보냈다. 당시 에든버러는 학문과 문화의 수도로서 유럽 계몽주의를 주도하는 가운데 세계 철학의 중심지로 발돋움하고 있었다. 이에 '북쪽의 아테네'라 불리기도 했다. 이러한 지적 토양 속에서 흄을 비롯하여 애덤 스미스, 프랜시스 허치슨 같은 걸출한 근대사상가들이 탄생했다.

❷ 천사이드 스코틀랜드
흄이 어린 시절을 보낸 곳

흄의 부모는 스코틀랜드 남동부의 천사이드라는 마을 인근에 얼마간의 땅을 가지고 있었고, 주로 이곳에서 머물렀다. 흄도 어린 시절의 대부분을 화이트애더워터 강이 구부러지는 이곳의 아늑하고 목가적인 분위기 속에서 보내면서 고독을 체화했다. 흄이 살았던 집인 나인웰스하우스는 훗날 화재로 없어졌지만, 주변으로 나 있는 '데이비드 흄 산책로'가 그를 기억하고 있다.

❸ 브리스틀 영국
흄이 설탕 장사를 한 곳

에든버러대학교를 중도에 그만둔 뒤 흄은 문필에 뜻을 둔 한편, 경제적으로 자립해야 한다는 의무감에 시달렸다. 그리하여 1734년에 브리스틀에 있는 한 설탕 상인의 밑으로 들어가 일했다. 비록 몇 달 만에 그 일이 자신과 맞지 않다는 사실을 깨닫고 그만두기는 했지만, 이 일화는 그가 생계비를 안정적으로 벌기 위해 애썼고 그 덕에 현실감을 유지할 수 있었음을 보여주는 좋은 예다.

❹ 라플레슈 프랑스
『인성론』을 집필한 곳

브리스틀에서 장사에 실패한 뒤 흄은 시골에 틀어박혀 공부하기로 작심하고 프랑스 중서부 루아르강 계곡에 있는 라플레슈라는 곳으로 향했다. 이곳에는 서양 근대 철학의 출발점인 르네 데카르트를 배출한 곳으로 유명한 예수회대학이 있었다. 흄은 누구보다도 종교에 대해 비판적이었지만, 학식이 높은 이곳에서 적지 않은 지적 자극을 받으며 『인성론』의 대부분을 집필했다.

❺ 런던 영국
주요 저작을 출간한 곳

흄은 라플레슈에서 3년을 보낸 뒤 1737년에 런던으로 갔다. 그곳에서 그의 대표작 『인성론』을 마침내 출간했다. 불과 20대에 쓴, "그 자체로도, 또 사상사에 끼친 영향으로도 역대 최고의 철학서"라 꼽히는 저서이지만, 당시 사람들의 반응은 매우 냉담했다. 그뿐만 아니라 그에게는 위험한 사상가라는 낙인까지 찍혔다. 이에 크게 실망한 흄은 『인성론』이 "인쇄기에서 이미 사산되었다"라고 했다.

❻ 에든버러 제임스코트 스코틀랜드
에드먼드 버크 등과 사귄 곳

흄은 두 번째 프랑스 여행을 전후로 제임스코트에서 몇 년을 살았다. 이때 당시 중요한 몇몇 지성인들과 사귀었다. 보수주의 사상가로 유명한 에드먼드 버크 등이 대표적인 친구였다. 흄은 분명 시대를 앞서가는 지식인이었지만 정치적인 문제에서는 버크식의 보수주의적인 경향을 보였다. 지나친 민주주의를 경계한 점이라든지, 공화정에 찬성하지 않았던 것 등이 그 예다.

❼ 파리 프랑스
프랑스 계몽주의 사상가들과 교유한 곳

1763년, 흄은 프랑스 대사로 부임하는 허트포드 경을 따라 파리로 갔다. 흄이 프랑스로 온다고 하자 파리 사교계는 그를 크게 환대했다. 그는 18세기 유럽 계몽주의의 또 다른 현장이었던 파리의 살롱을 드나들며 드니 디드로, 장 르 롱 달랑베르, 샤를 루이 드 세콩다 몽테스키외 등과 사귀었다. 한편 곤경에 처해 있던 장 자크 루소와도 이때 처음 만났는데, 흄은 그를 영국으로 초대하여 은신처를 제공했다.

❽ 에든버러 신시가지 스코틀랜드
여생을 보낸 곳

1769년, 흄은 공직에서 물러나 고향인 에든버러로 돌아왔다. 명예롭고 풍요로운 삶을 살면서 많은 친구들과 사교의 즐거움을 누렸다. 상당한 식도락가이기도 했던 그는 요리를 제대로 하여 손님을 접대하기 위한 새 집을 에든버러 신시가지에 지었다. 새 집이 있었던 사우스세인트데이비드스트리트라는 거리명은 바로 그의 이름에서 유래한 것이다.

일러두기

— 단행본은 겹낫표(『 』)로, 책의 일부나 단편소설 등은 홑낫표(「 」)로, 신문이나 잡지는 겹화
  살괄호(《 》)로, 미술, 음악 등의 작품명은 홑화살괄호(〈 〉)로 표기했다.
— 외래어 표기는 국립국어원 외래어표기법을 따랐으나, 관습적으로 굳은 표기는 그대로 허
  용했다.

데이비드 흄

×

줄리언 바지니

인간을 있는 그대로 이해하고자 한 철학자

arte

18세기 에든버러의 거리

에든버러는 언제나 흄을 연상시키는 도시다. 흄의 전기를 쓴 한 작가의 말에 따르면, 흄이 활동했던 18세기 이곳은 시골의 소박함과 도시의 세련미, 구세계와 신세계가 공존하고 과거에 묶여 있지만 미래를 향한 열망이 가득한 도시였다고 한다. 그런 역설적 긴장 속에서 새로운 사유가 자라난다.

CONTENTS

인간에 대한 진정한 이해를 위하여

에든버러 도심 인근에 있는 칼튼힐 정상에는 아테네 파르테논신전의 일부를 옮겨다놓은 듯한 스코틀랜드국립기념비가 우뚝 서 있다. 나폴레옹전쟁에서 전사한 스코틀랜드 병사와 선원 들을 기념하기 위해 지은 것이다. 1829년에 자금 부족으로 공사가 중단되면서 반쪽짜리 건축물로 남았지만, 그 모습은 장엄하다.

현대 스코틀랜드에 서 있는 이 기념비적 구조물이 고대 그리스를 연상시키다니 뭔가 앞뒤가 안 맞는 이야기처럼 들릴 수도 있다. 플라톤과 아리스토텔레스가 그리스에서 서양철학의 기초를 놓을 무렵, 스코틀랜드는 영국의 다른 지역과 다름없이 문자조차 사용하지 못하는 사회였다. 하지만 18세기 초의 스코틀랜드는 세계 철학의 중심지로서 아테네의 후예국으로 당당히 나설 수 있는 곳이었다. 당시 에든버러는 지식의 수도로서 유럽 계몽주의를 주도하고 있었다. 이에 대적할 수 있던 유럽의 도시는 파리뿐이었다. 스코틀랜드가 낳은 위대한 철학자 데이비드 흄은 1757년에 스코틀랜드인들이야말로 "유럽에서 가장 뛰어난 문필의 대가라 부를 수 있는 민족이다"라는 말을 남겼으니, 나름 타당한 주장이라 할 수 있다.

에든버러는 가장 걸출한 근대사상가 두 사람을 배출한 도시다. 그중 한 명인 경제학자 애덤 스미스는 세간의 추앙을 받는 저명한 인물이다. 나머지 한 명인 흄은 학계 밖에서는 여전히 대체로 무명이지만, 철학자들 사이에서만큼은 시대를 막론하고 최고의 철학자로 자주 손꼽히는 인물이다. 수천 명의 강단 철학자들에게 세상을 떠난 철학자들 중 가장 지지하는 인물이 누구냐고 물었을 때 아리스토텔레스와 이마누엘 칸트와 루트비히 비트겐슈타인을 제치고 단연 1위를 차지한 이가 흄이었다. 흄은 자신이 기술한 현상의 희생자가 된 인물이다. "이제 지식과 배움은 대학과 수도원에 갇혀 세상으로부터, 그리고 좋은 친구들로부터 격리되어 패배자가 되었다."

이제 잘못을 바로잡을 때가 왔다. 많은 과학자들—대개 철학의 광팬은 아니다—도 자신이 흄으로부터 영향을 받았다고 말한다. 앨프리드 아인슈타인은 독일의 철학자 모리츠 슐리크에게 보낸 편지에서 자신이 흄의 『인간 본성에 관한 논고』(이하 『인성론』으로 표기)를 "경탄하면서 탐독했고, 그 직후 상대성이론을 발견하게 되었다"라고 전했다. 그뿐만 아니라 "이 철학 공부가 없었더라면 내가 천착하던 문제의 해결책에 이르지 못했을 것이다"라고까지 토로했다. 찰스 다윈이 남긴 노트에도 그가 흄의 저작을 여러 권 읽었다는 내용이 담겨 있다.

그러나 흄에게 열광하는 학자들 사이에서도 그는 아직 진정한 의미의 철학자로 제대로 평가받지 못하고 있는 것 같다. 흄은 대개 종교 비판과 인과론에 대한 개념으로 가장 유명하다. 어떻게 살아야 할지 알고 싶다는 이유로 그의 책을 집어드는 사람들은 거의 없다는 말이다. 하지만 그에 대한 이 정도의 평판은 우리에게 막대한 손실이 아닐 수 없다. 내 여정의 목적은 흄이 실제로 밟았던 곳을 찾아다니는 일 못지않게 그의 삶과 사상이 걸었던 길을 차근차근 짚어가는 일이 현명한 길임을 밝히는 것이다.

흄은 어떻게 살아야 하는지에 관한 문제를 해결하는 귀감을 제시했다. 난해해 보이는 형이상학적 문제를 사유하는 방식이 현실적인 일상의 문제를 사유하는 방식과 동떨어진 것이 아닐뿐더러, 오히려 현실 문제를 사유하는 데 중요하다는 점이야말로 흄이 모범적으로 보여준 것이다. 이러한 모범을 이해하려면 그의 저작뿐만 아니라 인생 또한 살펴보아야 한다. 그가 보여준 삶의 모습과 남긴 말은 정신과 육신이 조화를 이루는 삶이라는 전체를 이루고 있으며, 이것이야말로 우리에게 굳건한 영감이 되어주기 때문이다.

그런 이유로 나는 흄에게서 배울 수 있는 교훈의 핵심을 '흄의 금언'으로 정리했다. 이 책에서 제시할 금언들은 때로는 내가 하는 말에도 있고, 때로는 흄의 말에도 녹아들어 있다. 때로는 부정적인 의미의 교훈도 금언에 포함된다. 흄의 실수와 결함을 통해 우리가 배울 수 있는 것도 있다는 뜻이다.

이 책에서 나는 흄이 한 말을 자주 사용할 것이다. 그의 말이 지닌 품격과 명료함을 대체하기에는 내 언어의 한계를 절감하기 때문

칼튼힐에 있는 스코틀랜드국립기념비

구도심에서 신도심까지 에든버러 전경을 한눈에 내려다볼 수 있는 칼튼힐에는 그리스의 파르테논신전을 본떠서 만든 스코틀랜드국립기념비가 우뚝 서 있다. 이것은 나폴레옹전쟁의 전사자들을 기념하기 위해 1826년부터 짓기 시작한 것이다. 그러나 얼마 뒤 자금 부족으로 공사가 중단되면서 반쪽짜리 건축물로 남고 말았다. 이런 사정으로 '스코틀랜드의 불명예' '에든버러의 바보짓' 등의 별명으로 불리기도 하지만, 마치 아테네의 후예국임을 천명하는 듯 그 모습은 장엄하다.

이다. 많은 이들이 흄의 저작을 읽기 어려워한다는 것을 잘 알고 있다. 그의 문장이 대체로 길고 18세기의 어휘가 많기 때문이다. 하지만 일견 장황하고 두서없이 흐르는 듯한 그의 글에는 보석 같은 명언이 잔뜩 숨겨져 있다. 그는 또한 언제나 열린 자세를 견지했다. 『도덕 원리 연구』의 첫 단락을 살펴보자.

> 사람들과의 논쟁, 특히 자신의 원리를 완강하게 고집하는 사람들과의 논쟁이 제일 짜증스럽다. 그보다 더 싫은 것이 있다면 솔직함과는 아예 거리가 먼 자들과의 논쟁이다. 그들은 실제로 자신이 옹호하는 의견을 진정으로 믿지도 않으면서 으스대며 잘난 척하는 태도, 그저 남의 말에 반대하려는 태도, 혹은 다른 사람들보다 우월한 지성과 기발한 사고를 과시하고픈 욕망 때문에 논쟁에 끼어든다. 이 두 부류의 사람들에게서 발견되는 공통점은 자신의 주장을 맹목적으로 고수하려는 태도, 그리고 자신의 의견에 반대하는 상대 논객에 대한 경멸이다. 궤변과 거짓을 상대에게 강요할 때의 열정적인 태도 또한 두 부류의 공통점이다. 두 부류의 사람들 모두 주장의 근거를 이성적 추론에서 끌어오지 않으므로, 감정에 기대지 않는 이성적 논리를 사용하면 이들이 더 타당한 원리를 수용하리라 생각하는 것은 그 자체로 헛된 기대일 뿐이다.
>
> ― 데이비드 흄, 『도덕 원리 연구』 중

위의 구절은 완강함의 본질, 그리고 완강함이 왜 그토록 불쾌한 것인지 그 이유를 상당히 정확하게 포착한 단락이다. 흄의 의도가 완강함이라는 악덕을 피하는 것이라는 점 또한 드러난다. 흄의 탐구에는 진정성이 담겨 있다. 그의 탐구는 기존에 갖고 있던 자신의 신념을 정당화하려는 시도의 산물이 아니라는 뜻이다. 독자들 또한 흄의 저작을 이와 같이 개방적이고 진정성 있는 태도로 접근해주었으면 한다.

이제 시작할 여정의 출발점으로 흄의 펜 끝에서 풀려나온 말 만큼 적절한 것은 없다. "여행에는 장점이 많다. 편견을 몰아내는 데는 여행이 최고다." 이제 함께 길을 나서보자.

종교를 버리고
철학을 탐구하다

오비디우스는 말한다. 인간의 내면에는 신이 있어 신성한 불을 불어넣어주신다. 인간은 신의
불로 생기를 얻는다. 시대를 막론하고 시인들은 영감의 원천이 신의 불이라고 주장했다. 하지만
초자연적인 신의 불 따위는 없다. 시인의 불은 천상에서 붙인 것이 아니며 대지를 태우며
타오를 뿐이다. 시인의 불은 한 사람의 가슴에서 다른 사람의 가슴으로 옮겨 붙어 태울 재료가
풍성한 곳에서 가장 환히 타오르다 즐겁게 꺼질 뿐이다.

— 데이비드 흄, 『도덕, 정치, 문학에 관한 평론』 중

흄 인생의 시작과 끝

칼튼힐에 서서 에든버러를 내려다보면 흄의 지적 여정의 출발점이자 종착지인 이 도시를 좀 더 알 수 있게 된다. 물론 오늘날의 에든버러는 흄이 살았던 18세기보다 더 조밀한 구조로 되어 있다. 하지만 에든버러의 명소라 할 수 있는 건물들은 예나 지금이나 대동소이하며, 언덕을 따라 물결처럼 출렁이는 도시의 형태도 크게 변하지 않았다. 언덕에서 보면 바로 앞으로 에든버러성이 버티고 서 있다. 구시가지에서 가장 높은 지역을 차지하고 있다. 이 동네가 흄이 청년기 초반에 살았던 곳이다. 에든버러성 오른쪽 아래로 시선을 돌리면 신시가지의 남쪽 끝이 보인다. 흄은 후반기에 이 신시가지의 땅을 사서 새로 집을 지어 여생을 보냈다. 에든버러성의 왼쪽으로는, 즉 칼튼힐 쪽으로 가까운 곳에는 에든버러대학교가 위치해 있다. 흄이 공식 교육을 받기 시작했던 곳이다. 칼튼힐 맨 아래에는 올드칼튼묘지가 보인다. 이곳에 흄의 유해가 안치되어 있다.

칼튼힐에서 내려다본 에든버러 전경
흄은 사진의 왼쪽 편인 구시가지에서 태어나 젊은 시절 초반을 보냈고, 오른쪽 편인 신시가지
에서 인생의 마지막을 보냈으며, 칼튼힐의 발치에 있는 올드칼튼묘지에 잠들어 있다. 그러므
로 흄을 찾아가는 여정에서 에든버러는 그 시작점이자 종착점이라 할 수 있다. 왼쪽에 보이는
원형의 건축물은 스코틀랜드 계몽주의를 대표하는 또 다른 인물인 두갈드 스튜어트의 기념
비다.

나는 살면서 여러 차례 에든버러에 갔다. 내가 결혼을 한 곳도 에든버러다. 에든버러는 늘 흄을 연상시키는 도시이지만 결국 나는 이제야 처음으로 흄의 인생에서 중요했던 두 여정의 시작점과 종착점을 찾아 그 발자취를 따라 걷겠다는 오롯한 목적 하나로 이곳에 발을 들였다.

흄은 사는 동안 꽤 많은 여행을 했다. 가장 의미심장했던 두 여행의 목적지는 모두 프랑스였다. 흄이 문필가 이력을 시작한 시점과 끝내던 시점에 떠난 두 여행은 그 성격도 판이하게 달랐다. 청년 흄은 루아르강 계곡에 고요히 자리 잡은 라플레슈로 갔다. 첫 번째 프랑스행이었다. 이곳에서 흄은 거의 혼자 지내며 첫 주요 저작인 『인성론』을 집필했다. 두 번째 프랑스행의 목적지는 파리였다. 나이가 들어 거의 모든 저작의 집필을 끝낸 흄은 부산한 파리에서 지식인들의 환대를 받으며 족히 2년을 보냈다. 비슷하기도 하고 다르기도 한 흄의 이 두 여정은 그의 생애와 저작의 중요한 버팀목이며, 그의 삶과 사유의 세계를 더 잘 이해하게 해주는 이정표가 되어준다.

어떤 여행이건 출발점은 있기 마련이고, 출발점을 잘 알수록 여행 전체의 의미를 더 잘 이해할 수 있을 것이다. 에든버러는 흄의 인생 전체를 통틀어 여행의 출발점이자 종착점이었다. 그는 1711년 4월 26일 에든버러 론마켓 북쪽 에든버러성 인근에서 태어났다. 등기소에 있는 세례 기록에 따르면, 흄은 나인웰스의 변호사 조지프 홈과 그의 아내 캐서린 팔코너의 두 아들 중 둘째로 태어났다. 그의 집은 당시의 중류층과 마찬가지로 하인들을 들일 만큼 안락한 편이었지만 부유하지는 않았다.

흄은 론마켓에서 태어났지만 그의 가족이 주로 머물던 집은 스코틀랜드 남부, 잉글랜드 국경에서 멀지 않은 곳에 위치한 나인웰스 하우스였다. 천사이드라는 마을 근처에 있는 집이었다. 흄은 대부분의 소년 시절을 천사이드에서 보냈다. 이 지역은 낮은 평야 지대다. 내가 이곳을 방문했을 때는 흐리고 추운 데다 바람도 거세게 불었다. 오늘날에 보아도 꽤나 외진 곳이니, 18세기에는 훨씬 더 외딴곳이라는 느낌이 들었을 것이다. 흄은 말년에 자신이 고독을 얼마나 사랑하는지, 사람들이 많이 모이는 곳을 얼마나 혐오하는지 자주 말했다.

> 고요하고 평화롭게 이성의 잔치를 함께 누릴 엄선된 소수의 친구들, 무겁건 가볍건 내게 떠오르는 모든 생각의 타당성을 함께 검증할 수 있는 친한 동료들과 함께 있는 것이 훨씬 좋다.
> ─ 어니스트 캠벨 모스너, 『데이비드 흄의 생애』 중

흄이 철학자로서 성장해가던 중요한 세월 동안 이곳에서 얼마나 많은 고독을 경험했을지 생각하면 고독에 대한 그의 애정은 지극히 자연스럽다.

천사이드라는 작은 동네는 외딴 곳에 있기는 해도 아늑하고 목가적이라 아이가 자유롭게 성장하기에 안성맞춤인 곳이었을 것이다. 흄의 집과 뜰은 화이트애더워터강이 구부러지는 곳에 위치해 있다. 이 강둑 인근의 땅 대부분은 오늘날에도 나무가 울창한 곳이다. 영국의 산림이 대체로 파괴되어가고 있는 추세이지만 이곳에는 아직

옛 모습이 보존되어 있다. 흄의 시대에도 이곳은 오늘날의 모습과 크게 다르지 않았을 것이다. 『인성론』에서 "놀이와 친구들에 싫증이 나 내 방에서 몽상에 빠지거나 홀로 강가를 산책했던 그때, 나는 머리가 차분해지고 생각이 고요히 가라앉아 독서와 대화 과정에서 씨름했던 온갖 문제를 자연스럽게 떠올리게 되었다"라고 쓴 구절에 나오는 강가가 바로 이곳이다. 화이트애더워터강은 어린아이가 놀기에도, 장성한 인간이 생각에 골몰하기에도 최적의 환경이었을 것이다.

흄이 살았던 집은 1840년에 화재로 파괴되었지만, 집의 부지로 들어가는 입구에 서 있는 석조 대문 기둥에는 '나인웰스하우스'라는 이름이 남아 있다. 나중에 지어진 건물이 옛 이름을 물려받은 것이다. 이 땅은 사유지이지만 외부인이 다닐 수 있는 오솔길이 주변에 나 있다. 스코티시보더스 의회는 이 길 중 하나에 '데이비드 흄 산책로'라는 이름을 붙여놓았다. 이 길은 '보더스 지성인의 산책로' 다섯 곳 중 하나다.

불과 몇 년 전까지만 해도 이 시골 마을에서 흄을 기념하는 일은 거의 전무했다. 그러나 최근 들어 이곳이 역사적으로 유명한 인물과 연이 닿아 있다는 인식이 생겨났다. 2006년에 시작된 주택 개발지에는 '데이비드흄뷰David Hume View'라는 이름의 거리가 포함되었다. 경관이라는 뜻의 '뷰'라는 단어를 거리 이름에 넣으니 꽤 그럴듯하다.

천사이드 주민들은 2011년에 흄 탄생 300주년 기념행사의 일환으로 철학 축제도 열었다. 열다섯 개 나라 100명의 철학자들이 참

흄이 소년 시절을 보낸 천사이드

흄은 에든버러성 인근에서 태어났지만 소년 시절은 에든버러에서 동남쪽으로 자동차로 약 한 시간 거리에 있는 천사이드라는 작은 마을에서 보냈다. 오늘날에도 꽤나 외진 이곳은 아늑하고 목가적이어서 고독을 자연스럽게 체화하기에 안성맞춤이다. 어린 흄은 친구들과 노는 데 싫증이 나면 홀로 이곳의 강가를 산책했다. 훗날 그는 자신이 사교적이면서도 고독을 얼마나 사랑하는지를 자주 말했는데, 천사이드에서 보낸 어린 시절의 영향이 커 보인다.

석한 행사였다. 철학자들의 방문을 보도한 지역신문 기자는 "많은 방문객들은 이 여행이 좋은 각성의 계기가 되었다고 논평했다. 수년간 흄이 쓴 저작들의 특정 측면을 연구하느라 보냈으면서도 정작 그가 어디서 어떻게 살았는지 생애의 세부적 측면에 관해서는 별로 연구한 적이 없었기 때문이라는 것이다"라고 보도했다.

　이러한 보도는 흄을 다루는 학문 연구의 한계에 관해 많은 시사점을 던져준다. 철학계, 특히 영어권의 철학계는 사상과 논증을 시간과 장소를 초월한 것인 양 다루는 경향이 있다. 학생들은 늘 논증의 타당성과 견실성에 주의를 기울여야 할 뿐 철학자가 그러한 논증을 만들어낸 시대와 장소에 관해 질문하면 쟁점과 무관하다는 소리를 듣는다. 이러한 태도를 독려하는 상투적 표현으로는 '논증이 이끄는 곳이라면 어디건 논증 자체를 따라가라' '공을 던진 사람이 아니라 공에 집중하라'와 같은 것이다(여기서 공을 던진 사람은 남성뿐만 아니라 여성도 포함된다. 하지만 논증을 제시하는 사람에 대한 주의를 기울이지 않기 때문에 얼마나 많은 남성이 철학을 지배해왔는지 아무도 주목하지 않는지!).

　철학을 해결해야 할 독립적인 지식의 문제라고 본다면 철학자를 굳이 살펴볼 이유는 없다. 하지만 철학이 부분들을 한데 엮어 일관된 전체를 구성하는 종합적 학문이라고 간주한다면 철학자를 무시하는 태도는 이치에 맞지 않다. 더욱이 일관된 전체라는 것이 철학자의 생애와 저작, 사상과 실천을 아우르는 것이라고 본다면 이러한 태도는 더더욱 난센스다.

　나는 흄에게 총체적으로 접근하고 싶다. 그가 내세운 철학이 그 자신의 삶과 존재의 모든 측면과 닿아 있는 인물로 흄을 바라보고 싶다는 말이다. 그러기 위해서는 그의 생애와 저작들을 모두 살펴보아야 한다. 흄이 떠났던 프랑스 여행의 궤적을 좇는 일 또한 그의 생애 전반에 걸친 지적 여정을 따르는 일이다.

선술집의 지식인들

흄의 학문이 정식으로 발전하기 시작한 것은 에든버러대학교에서 수학하기 위해 에든버러로 되돌아가면서부터다. 1723년 2월 27일, 열두 살의 흄은 윌리엄 스콧이라는 그리스어 교수 밑에서 공부하기 위해 에든버러대학교에 등록했다. 당시의 대학이 오늘날의 대학과는 전혀 다른 종류의 기관이었음을 감안하면 열두 살이라는 나이는 대학에 가지 못할 만큼 어린 나이는 아니었다.

흄의 전기를 쓴 어니스트 캠벨 모스너는 이 시대의 에든버러를 가리켜 "금욕주의의 엄격함과 따스함, 고립주의와 코스모폴리터니즘, 시골의 소박함과 도시의 세련미, 구세계와 신세계가 공존하는 역설 가득한 도시, 과거에 묶여 있지만 미래를 향한 열망 또한 가득한 도시"라고 표현했다. 교양과 누추함, 격식과 불결함이 공존하던 곳이 에든버러였다. 부유한 사람들이 누리는 안락함 역시 상대적인 것이었다. 벌레와 쥐는 비교적 안락하게 살던 중류층 사람들도 피하기 힘든 골칫거리였다. 이런 문제는 아주 소소한 것에 불과했다. 구시가지에 있던 높다란 공동주택의 각 층에 세 들어 살던 주민들은 요강의 오물을 창문 밖으로 그대로 쏟아버렸다.

다행히 오늘날의 에든버러에는 이렇듯 끔찍한 불편함은 없다. 하지만 다른 많은 대도시와 마찬가지로 부유와 빈곤 사이의 긴장감만큼은 이곳에도 잔존하고 있다. 구시가지는 관광객과 카페와 식당과 기념품 상점으로 가득하다. 하지만 멀리 갈 필요도 없이 바로 인근 지구에서는 집 없는 사람들이 구걸을 하며 상점 입구에서 잠을 청하는 등 생존을 위해 사투를 벌이고 있다. 관광 구역을 벗어나 교외 지역으로 들어가면 빈곤은 훨씬 더 확연히 드러난다. 에든버러는 흄이 살았던 시대나 다름없이 오늘날에도 여전히 모순이 지배하는 도시다.

흄은 대학 교육에서 별다른 인상을 받지는 못했다. 결국 1725년에 학위도 받지 않고 대학을 떠났다. 당시에는 흔한 일이었다. 그는 당시에 만들어진 수많은 지식인 동아리 중 가장 명망이 높았던 랭키니언클럽의 회원으로 활동하면서 더 많은 지적 자극을 받았던 것 같다. 랭키니언클럽은 이들이 모였던 선술집 주인의 이름을 딴 지식인 동아리다. 이 클럽은 흄이 원했던 모임의 성격을 엿볼 수 있게 해주는 최초의 모임이다. 음식과 술을 즐기며 유쾌하게 이야기를 나누는, 엄선된 지식인들의 모임. 이러한 모임이야말로 흄의 취향에 완벽하게 들어맞았다.

흄이 종교를 버린 것도 아마 이 시기였을 것이다. 18세기 영국의 전기 작가인 제임스 보즈웰이 전한 바에 따르면, 흄은 "로크와 클라크를 읽기 시작한 이후 종교에 대한 믿음을 품어본 적이 없다"라고 말했다. 흄이 경험주의 철학의 원조인 존 로크와 신학자 새뮤얼

클라크의 저서를 읽은 것은 대학을 다니던 무렵이었을 것이다. 특히 당시에 인기를 끌던 작자 미상의 『인간이 지켜야 할 의무』라는 책에 담긴 종교적 미덕의 지배적 이상—흄은 이 책을 읽었을 것이다—도 그를 설복하지 못했다. 이 책에 따르면, "건강이 아니라 쾌락을 먹는 일의 목적으로 삼는 것"이라든지 "좋은 인간관계에 시간과 재산을 낭비하는 것"은 의무를 위반하는 행위다. 그러나 흄이 보기에 이러한 활동은 악덕이 아니라 오히려 미덕의 사례다. 그는 『인성론』에서 미덕은 유용하거나 즐거워야 하며, "금욕, 단식, 속죄, 고행, 자기부정, 겸손, 침묵, 고독, 그리고 수도자의 온갖 미덕이란" 유용하지도 즐거움도 주지 않기 때문에 미덕이 아니라고 주장했다. 『데이비드 흄의 생애』에 실린 말에 따르면, "이 덕목이라는 것들은 어떤 목적에도 유용하지 않고, 인간 세계의 부를 증진하지도 않으며, 그렇다고 인간을 사회의 더 가치 있는 구성원으로 만들거나, 함께 즐겁게 지낼 자격을 준다거나, 아니면 자족의 힘을 키워주지도 못하는" 것에 불과하다.

흄은 크게 유복하지는 않았지만 소수의 엘리트층에 속해 있었다. 이는 그가 일평생 최소한 에든버러의 주요 지식인들뿐만 아니라, 다른 지역에서 온 많은 지식인들과 최소한 피상적으로나마 접촉하고 지냈으리라는 것을 의미한다. 18세기에 철학자가 된다는 것은 오늘날처럼 철학이라는 학계에서 특수 분야를 전공하는 무명의 전문가로 산다는 뜻이 아니었다. 당시에 철학자로 산다는 것은 비교적 소규모의 지성인 공동체, 오늘날의 관점에서 보면 학문의 경계를 넘나드는 관심사를 가진 지식인 공동체의 일원이었다는 뜻이다.

당시에는 과학자라는 범주조차 존재하지 않았다. 오늘날 '과학'이라고 불리는 것은 19세기까지만 해도 '자연철학'으로 간주되었기 때문이다.

그런 의미에서 흄이 연구했던 분야가 본질상 철학이라고 생각한다면 시대착오적이라 할 수 있다. 흄은 교육을 통해 문필가가 되었고, 당시 문필가의 관심사는 경제학과 과학과 심리학과 역사와 정치 이론을 넘나들었다. 이러한 사실이야말로 흄 평생의 작업을 종합적으로 살펴야 하는 이유다. 흄은 인간의 본성을 살피는 과제를 공부의 목적으로 삼았고, 사용할 수 있는 모든 지적 방편과 도구를 이용해 탐구했다. 여기서 나오는 흄의 첫 번째 금언. **개인으로, 사회의 일원으로 살아가는 법을 알려면 배울 점이 있는 모든 것에서 가르침을 얻으라.**

지식인의 병

흄의 교육이 진정한 의미에서 본격적으로 시작된 것은 그가 대학을 떠나고 난 뒤였다. 처음에는 법학을 공부하려고 했지만 곧 그것을 "혐오스럽다"라고 여기고는 "세상에서 내 운을 시험할 수 있는" 유일한 방법은 "학자이자 철학자"의 길이라고 생각했다. 결국 1729년 봄, 흄은 6개월 동안 집중적인 공부에 돌입했다. 당시 그는 이미 자신만의 독창적인 철학을 정립하고 있었다. 그 자신의 회고에 따르면, "열여덟 살 무렵, 내게 새로운 사유의 풍경이 열린 듯 보였다."

에든버러대학교에 있는 데이비드흄타워

흄은 열두 살에 들어간 에든버러대학교에서 그리스어, 논리학, 형이상학, 아이작 뉴턴의 자연철학을 배웠지만 별다른 인상을 받지 못했다. 결국 학업을 중단하고 이후 수년간 혼자 공부하면서 문필가의 길로 방향을 잡았다. 흄은 비록 에든버러대학교의 학위를 받지 않고 떠났지만, 1963년에 그의 이름을 딴 대학 건물이 들어섰다. 그러나 흄이 흑인을 비하했다는 사실이 근래 문제로 제기되면서 건물 이름이 '40조지스퀘어'로 바뀌었다.

그런데 6개월 뒤인 1729년 9월, 그는 "내 모든 열정이 한순간에 사라져버린 듯하다. 이제 더 이상 내게 그토록 큰 기쁨을 주었던 집중력을 되찾을 수가 없다"라는 것을 발견했다. 그는 깊은 우울감에 빠졌고, 자신이 칭한대로 "지식인의 병"에 걸려버렸다. 치유법은 공부량을 줄이고 매일 운동하고 휴식을 취하며 시간을 내어 사람들을 만나는 것이었다. 몇 년 뒤 『인간 오성 연구』에서 펼치게 될 교훈이 이 시절 동안의 경험에서 나왔다. "일정 정도의 휴식을 취할 필요가 있다. 정신이 주의력과 근면함을 늘 뒷받침해주는 것은 아니기 때문이다"라는 것이 그 교훈이다.

그렇다면 인간은 본성상 공부와 휴식이 혼합된 삶을 사는 것이 가장 적절한 듯하다. 인간의 본성은 어느 한쪽으로 치우치는 경향이 심해져 다른 활동이나 여흥을 즐길 수 없게 만들어서는 안 된다고 우리에게 비밀리에 권고하는 것 같다.

— 데이비드 흄, 『인간 오성 연구』 중

제대로 사유하려면 생각하지 않는 시간, 노는 시간이 필요하다. 이때부터 흄은 여가와 운동과 공부 사이의 균형을 항상 유지했다. 그는 비유적인 일화로 메시지를 정리했다. "어떤 남자가 말을 타고 시골길을 가고 있었다. 숨도 쉴 수 없을 만큼 전속력으로 말을 달렸다. 그러다 잠깐 길을 멈추고는 동네 사람에게 언제 목적지에 당도할 것 같으냐고 물었다. 그 사람이 대답했다. 천천히 가면 두 시간이지만 그렇게 서두르면 네 시간이 걸린다고."

흄이 겪은 이 짧은 위기는 전기적 흥밋거리 이상의 의미가 있다. 그가 우울을 통해 얻은 가장 중요한 교훈은 그의 전체 철학 프로젝트의 초석이 되었다. 철학은 인간의 본성에 대한 정확한 이해에 뿌리를 두고 있어야 한다는 것이다. **인간을 있는 그대로가 아니라 철학자들의 상상대로 다룰 때 철학은 실패한다.** 『인성론』의 말미에서 흄이 독자들에게 남긴 핵심 주장이다. 흄은 철학자의 세계를 해부학자와 화가의 일에 비유한다.

> 〔해부학자처럼〕 부분을 정확히 알아야 한다. 각 부분의 상황과 그것들 간의 연계를 알아야 한다는 뜻이다. 그다음에서야 비로소 〔화가처럼〕 정확하고 바르게 전체를 설계할 수 있다. 그 결과 인간의 본성에 대한 추상적인 사유가 아무리 냉정하고 건조하다 해도 실천도덕에 실질적으로 기여하게 되고, 이렇게 실천도덕은 더 올바른 행동 수칙과 더 설득력 있는 권고가 된다.
>
> — 데이비드 흄, 『인성론』 중

사변철학으로 빠지지 않는 방법 면에서 흄이 얻은 가장 큰 교훈은 고대 그리스와 로마의 스토아학파 철학자들에게서 왔다. 그들은 인간이 세속의 관심사와 감정으로부터 거리 두는 법을 배움으로써 평정심ataraxia을 이룰 수 있어야 한다고 보았다. 평정심은 인간의 이성이라는 본성을 가능한 최대로 실현하고 동물적인 본능을 멀리하기 위한 것이다.

흄도 평정심을 실현하려 애썼다. 그는 키케로, 세네카, 플루타르

크의 책들을 탐독했다. 이들은 부와 건강과 명성 따위의 덧없음과 죽음의 불가피성을 끊임없이 상기해야 한다고 강조한다. 가령 에픽테토스는 다음과 같이 직설적 조언을 남겼다. "아내나 자식에게 입을 맞출 때는 죽을 존재에게 입을 맞추고 있다는 것을 떠올리라. 그러면 아내나 자식의 죽음을 감내할 수 있다." 에피쿠로스는 "다른 모든 위험을 막을 수 있다 하더라도 죽음만큼은 아무도 막지 못한다. 필멸의 존재인 인간은 다함께 무방비도시에 살고 있는 셈이다"라고 경고했다.

흄은 이 철학자들이 제시한 가혹한 진리를 떠올리면 그것이 자신의 능동적인 삶에 좋은 영향을 끼친다고 생각했다. 하지만 이러한 태도가 삶의 중심이 되자 "영혼이 초토화되었다." 인간은 대부분 자신의 죽음을 충분히 숙고하지 않는 잘못을 저지르고 있을지도 모른다. 그렇다고 지나치게 죽음에 골몰하면 우울해진다. 인간은 또한 부와 건강의 중요성을 과대평가하는 경향이 있다. 그렇다고 부와 건강이 부서지기 쉬운 허망한 것이므로 아무런 가치도 없다고 스스로에게 끊임없이 속삭인다면 아무것도 제대로 누리지 못하게 된다. 흄은 스토아적 성찰에 지나치게 골몰했던 것이 자신의 영혼이 피폐해지고 병자가 된 원인 중 하나라고 여겼다.

흄은 훗날 스토아학파의 철학을 거세게 비판했다. 가장 신랄한 공격은, 스토아학파의 "끝없는 위선"이 "인류에게 혐오감을 주었다"는 주장이다. 「회의론자」라는 평론에서는 스토아학파의 권고에 핵심을 찌르는 반론을 제시했다. 예컨대 스토아학파가 "죽음과 질병과 빈곤과 맹목과 추방과 중상과 비방과 악명을 인간 본성에 내

세네카의 죽음

흄은 한때 세네카, 키케로, 베르길리우스 등 고대 로마 철학자와 시인의 글을 탐독하며 스토아적 성찰에 골몰했다. 그는, 삶의 덧없음과 죽음의 불가피성을 늘 상기시키며 세속의 일과 감정으로부터 거리 둘 것을 강조하는 스토아철학이 삶의 중심이 되자 정신적 침체의 원인이 되었다고 여겼다. 스토아철학을 대표하는 세네카는 네로 황제의 스승이었지만, 훗날 황제 암살 음모에 휘말리면서 자결을 명령받았다. 그림에서 보듯 두 팔과 가슴을 열어 죽음을 초연히 받아들이는 그의 모습은, 죽고 사는 문제에 무심했던 스토아철학자의 면모를 상징적으로 보여준다. 스페인 출신의 화가 마누엘 도밍게즈 산체스가 그린 것이다.

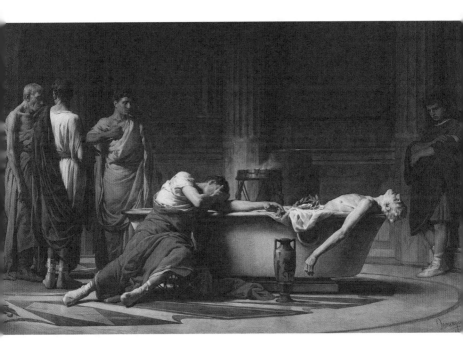

재된 폐단으로 늘 떠올리라. 이 폐단 중 하나가 당신에게 닥쳐도 이미 예상했던 덕에 더 잘 견딜 수 있을 것이다"라고 말한다면, 회의론자는 "인간 삶에 내재된 폐단을 추상적으로 생각한다면 정작 그것을 대비하는 데는 아무런 도움이 되지 않는다. 그렇다고 삶의 폐단을 구체적으로 집중해서 생각하고 그것의 존재를 느끼는 일에 골몰한다면 이는 우리가 누리는 모든 즐거움을 독으로 감염시켜 우리를 영원히 비참의 나락으로 빠뜨리는 참된 비법이다"라고 대답하는 식이다.

흄이 보기에 스토아학파는 인간 본성을 지나치게 경계하라고 요구한다. "스토아학파의 철학자들은 참된 행복의 요건이 아닌 것은 모조리 행복으로부터 완전히 떼어내기 위해 분투해왔다"라는 것이 그의 비판이다. "그 정도로 완벽할 수는 없다." 현명한 사람이 추구하는 보다 현실적이고 온건한 목표는 "스스로 제어할 수 있는 것 위에 대체로 행복의 토대를 두려고 노력하는 것"이다.

행복의 토대를 자신이 통제할 수 있는 것들 위에 '대체로' 두는 것과 '완전히' 두는 것 사이의 차이는 분간하기 힘들 만큼 미미하지만 중요하다. 운명에 전혀 좌지우지되지 않는 인간이 되는 것은 불가능할 뿐만 아니라 바람직하지도 않다. 심장이 두 조각 날 만큼 아픈 연애의 끝이 두려워 아예 연애 자체를 하지 말아야 할 것이다. 온전히 통제할 수 있는 야심이라는 것은 야심이라 부를 수 없을 정도로 하찮다 여겨질 테고, 그러한 야심을 품는 일은 '최선을 다하자'는 정도의 미지근한 야심을 제외한 다른 모든 야심을 죽이는 짓이다.

흄의 더 온건한 야심을 금언으로 표현하면, **생이 제공하는 만족**

을 다 누리는 데 필요한 것 이상으로 타인이나 운에 기대지 말라는 정도가 될 것 같다. 이 금언을 따르려면 온전한 삶을 살기 위해서는 의존이 어느 정도 필요하다는 것을 인정하면서도 통제할 수 없는 것에 지나치게 기대지 않았는지 끊임없이 자기 점검을 해야 한다. 가령 좋은 부모가 되려면 부모의 행복이 자식의 안녕에 기대고 있다는 것을 인정해야 한다. 하지만 부모라는 정체성만을 유일한 본질로 삼을 경우 혹여 자식에게 불행이 닥칠 때 부모는 버틸 수 없을 만큼 약해진다. 운동선수 역시 잠재력을 실현하기 위해 목표를 높게 설정할 필요가 있다. 목표를 이루지 못할 경우 어느 정도 실망은 불가피하다는 뜻이다. 그러나 높은 목표를 이루지 못했다고 해서 아예 실패했다고 생각할 필요는 없다. 실패하거나 실망할 일이 두려워 아예 도전 자체를 하지 않는 것은 꿈과 시야를 제한하는 일이다. 물론 자신의 통제 범위를 벗어나는 것에만 기대어 행복을 바라는 바보가 될 필요도 없다.

인간의 본성으로 할 수 있는 범위의 것들을 아예 부정해버리는 추상적인 이성의 폭력을 직접 체험하면서 흄은 삶의 길에 관한 지적 통찰을 얻었다.

고대인들이 우리에게 전한 도덕철학은 이들의 자연철학에서 발견되는 똑같은 문제 때문에 진통을 겪었다. 그 문제란 이들의 철학이 전적으로 공허한 가정에 바탕을 두고 있으며, 경험 대신 존재하지 않는 것을 날조해낸 데 의지하고 있다는 점이다. 결국 고대 철학의 문제는 덕성과 행복이라는 목표를 이루기 위해 허황된 상상을 참

고할 뿐 모든 도덕적 결론의 바탕이 되어야 하는 인간의 진정한 본
성에 기대지 않는다는 것이다.

— 존 힐 버턴, 『데이비드 흄의 생애와 서신』 중

흄의 사유가 지향하는 바는 언제나 인간 본성이었다. 훗날 그는
"완전함을 향한 철학의 진지한 시도"를 강도 높게 비판했다. 그러
한 시도는 "편견과 오류를 바로잡는다는 핑계로 소중하고 귀하게
여길 만한 감정을 공격"하기 때문이다. 그 사례로 제시한 어느 고대
철학자는 "같은 어머니의 배에서 나왔다는 사실만으로 다른 인간
을 형제랍시고 남과 다르게 생각해야 한다는 것을 받아들일 수 없
어 의절을 택한다." 반면 흄은 인간 본성을 평생 탐구할 주제로 삼
았을 뿐만 아니라, "판단과 윤리에 관한 모든 진리를 이끌어낼 중요
한 자원"으로 여겼다.

대학을 떠난 즉시 시작된 흄의 자기 주도 학습은 5년에 걸쳐 이
어졌다. 1734년 말, 그는 확신에 찬 결론을 내릴 수 있었다. 철학에
는 "확립된 진리가 아직 존재하지 않으며, 철학의 주요 저작들, 심
지어 가장 심원한 저작들조차도 끝없는 논쟁 이상의 것은 담고 있
지 못하다"라는 것이 그 결론이었다. 이러한 결론을 통해 "나의 내
면에서는 담대한 기질이 생겨났다. 이 기질 덕분에 나는 철학의 문
제에 관한 한 그 어떤 권위에도 머리를 조아리지 않고 진리를 확립
할 수 있는 새로운 수단을 찾는 길을 모색하게 되었다"라고 그는 말
한다.

실패한 장사꾼

흄은 새로운 철학을 정립하려는 노력을 지속하기 위해 생계를 꾸릴 더 확실한 방법을 찾아야 한다는 의무감에 시달렸다. 결국 그는 얼마간 브리스틀에 있는 한 설탕 상인 밑에서 일했다. 하지만 "생계 방편을 적극적으로 구하려는 일"은 결국 실패로 돌아갔다. 불과 몇 달 만에 그 일이 자신에게 전혀 맞지 않다는 사실을 깨달은 것이다.

마이클 밀러라는 문제의 설탕 상인은 브리스틀 퀸스퀘어 15번지에서 상점을 운영하고 있었다. 오늘날 이곳에는 18세기 건물이 하나도 남아 있지 않지만, 도시의 기본적 외형은 과거와 크게 다르지 않다. 이곳 건물의 절반은 1831년 선거법 개정에 맞서 일어난 항거로 인해 약 3일 만에 파괴되었다. 퀸스퀘어는 그 소요의 중심지였다.

흄이 브리스틀 거리를 지나다녔으리라는 상상은 밀러가 설탕 상인이었다는 사실, 따라서 분명 노예무역에 연루되었으리라는 역사적 사실 때문에 씁쓸한 뒷맛을 남긴다. 시대를 뛰어넘는 통찰력과 천재성의 소유자였던 흄도 결국 시대의 한계를 완전히 넘어서지는 못했다는 뜻이기 때문이다. 흄은 「국민성에 관하여」라는 평론의 한 각주에서 "나는 흑인을 비롯하여 백인이 아닌 다른 모든 인종(인간의 종은 대개 네 개 혹은 다섯 개로 나뉜다)이 백인보다 선천적으로 열등한 것이 아닐까 생각한다"라고 했다. 이러한 견해의 근거로 그는 "백인 이외의 다른 인종은 문명 국가를 세운 적이 한 번도 없을 뿐만 아니라, 행동이나 사유 면에서 탁월함을 보인 개인도 없다는 점"을 들었다. "자연이 다양한 인간 종을 원래부터 구별해놓지 않고서야 이토록 일관되고 항구적인 차이가 역사상 수많은 시대와 수많은 국가에서 나타났을 리가 없다"라는 것이 흄의 논리였다.

흄이 이러한 오류에 빠진 것은 경험과 상상력이 부족했기 때문인 듯하다. 평소의 그답지 않게 이러한 편견에 빠진 것은 당대를 지배하고 있던 편견에 그 역시 눈이 멀었기 때문일 것이다. 하지만 다른 글에서 편견이란 대체로 "아일랜드인은 무분별하고 프랑스인은 견실하지 못하다" 따위의 가짜 일반론이 무분별하게 만들어지면서 생겨난다고 주장했다는 점을 감안하면 그는 좀 더 상상력을 발휘하여 인종과 관련한 편견에서 벗어났어야 마땅하다. 결국 그는 "인간이란 본성상 이런 종류의 오류에 빠지기 쉽다는 것, 그리고 어떤 국민이건 이러한 오류에서 자유롭지 못하다는 것"을 꿰뚫어볼 만큼 영민했지만, 정작 자신의 편견을 찾아내는 데 늘 신경을 쓰지는 못했던 모양이다.

흄을 편들 생각은 없지만 그저 언급해두고 싶은 점이 있다. 흄은 「국민성에 관하여」라는 평론에 불쾌감을 주는 다른 말도 여러 군데 해놓았지만, 인종 간의 차이를 문화나 지리적 특징이 아니라 선천적인 특징이라고 한 것은 이 부분이 유일하다. 그는 오히려 오늘날 우리가 환경결정론이라 알고 있는 논리에 감화되었던 것 같다. 특히 국민성이 기후에

흄이 한때 종사한 설탕 상인의 상점이 있었던 브리스틀 퀸스퀘어.

의해 결정된다는 논리가 그러하다. "북쪽의 극지방이나 남쪽의 열대 지방에 살고 있는 국민은 다른 지역에 사는 국민보다 열등하고, 높은 지적 성취를 이룰 능력이 없다고 볼만한 이유가 있다. 북쪽 사람들의 빈곤과 고통, 남쪽 사람들의 나태함은 심각한 생필품 부족에서 유래한 결과이며, 이러한 결핍이 이들과 다른 지역 사람들 간의 두드러진 차이를 만드는 원인이다. 따라서 이들 간의 차이는 물리적 원인과는 무관하다." 이 구절은 흄이 특정 민족의 열등함이 선천적이거나 생물학적인 결함 때문이라고 생각하지 않았다는 것을 여실히 드러낸다.

흄은 분명 결함이 있었지만 인종이나 문화적 우월성이라는 명분으로 폭력과 잔학 행위를 옹호했던 다른 이들과 달리 그러한 만행을 단호히 비판했다. 그는 역사를 논하면서 십자군전쟁을 "어느 시대나 국가를 막론하고 인간이 지닌 어리석음이 가장 극명하고 지속적으로 나타났던 사건"이라며 맹렬하게 비난했다. 짧은 기간 설탕 상인을 위해 일하기는 했지만 그는 노예제 역시 강도 높게 비판했다. 노예제는 "다른 국민을 복종시키는 어떤 처사와도 비교할 수 없을 만큼 잔혹하고 압제적인 처사"라고 했다. 노예제가 유럽 대부분의 지역에서 사라지는 것을 목도하고 흡족해한 흄은 "인간에게서 흔히 발견되는 인간성의 결핍은 태어날 때부터 습득하여 익숙해진다. 동포에게 마구잡이로 권한을 행사하고 인간 본성을 짓밟는 이러한 비인간성은 경계를 모르는 무한한 지배력을 발휘하며 그것만으로도 혐오감을 불러일으키기에 모자람이 없다"라고 했다.

상업 분야에서 경력을 쌓으려던 흄의 시도는 그가 온 정성을 다해 매진한 일은 아니었지만, 그가 학문 연구와 생계를 어떻게 병행했는지 보여주는 좋은 실례다. 그는 평생 생계비를 안정적으로 벌기 위해 애썼고, 그 덕에 지속적으로 현실감을 유지할 수 있었다. 그렇지만 과감한 지적 모험이 현실주의에 발목 잡히는 법은 없었다.

흄이 브리스틀에서 새로운 생활을 꾸리지 못한 이유 중 또 하나는 주인인 밀러가 작성하는 편지의 문법과 문체를 교정하려다 미움을 샀기 때문이다. 밀러는 자신의 문장 실력으로도 2만 파운드를 벌었다며 더 이상 실력을 키우려 하지 않았다. 흄은 늘 꼼꼼하게 문장을 살피는 사람이었고, 문필가로서의 뛰어난 실력 덕에 다른 일로 빠지지 않게 되었으니 다행이라고 해야 할 것이다.

흄이 자신의 원래 성인 '홈Home'의 철자를 '흄Hume'으로 바꾼 것도 브리스틀에 있을 때였다. 영국인들이 자신의 성을 스코틀랜드식으로 올바르게 발음하기를 기대하는 것이 헛된 희망이라는 것을 인정하게 되었기 때문이다.

예수회대학의 교정을 거닐며

새로움은 기쁨을 줄 때는 그것을 배가시키지만 불쾌감을 줄 때도 그것을 배가시킨다.
그것이 새로움의 본질이다.

— 데이비드 흄, 『도덕, 정치, 문학에 관한 평론』 중

화이트클리프를 뒤로 하고

1734년, 스물세 살이 된 흄은 대표작을 쓸 채비에 들어갔다. "시골에 틀어박혀 공부하기로" 작심했던 것이다. 하지만 하필 왜 프랑스의 시골이었을까? 우선 고국인 스코틀랜드보다 주의를 산만하게 하는 요인이 적었을 법하다. 그중에서도 프랑스를 택한 것은 경제적인 이유 때문이었던 것 같다. 당시에는 프랑스의 생활비가 스코틀랜드보다 더 쌌고, 흄은 넉넉한 형편이 아니었다. 그는 "나는 돈이 많지 않은 관계로 검소한 생활을 통해 경제적 자립을 유지하면서 다른 일을 모두 버리고 문학적 재능을 키우는 일에만 매진하기로 결정했다"라고 썼다.

이 간단한 문장은 흄의 삶에서 중요한 두 가지 특징을 단적으로 드러낸다. 첫 번째 특징은 그가 일평생 경제적 자립을 도모했다는 것이다. 그가 길지 않은 자서전 『나의 생애』에서 경제적 성공을 꽤 여러 차례 언급한 이유도 바로 이것이다. 그는 큰 사치나 부를 가치 있다고 보지는 않았지만, 학문을 자유롭게 연구할 수 있을 정도로 "적정 액수의 돈"이 있어서 매우 흡족해했다.

두 번째 특징은 흄이 자신의 삶을 '문학'과 관련한 것으로 표현했다는 것이다. 오늘날의 독자들은 문학을 소설이나 시나 연극으로 간주할 테니 말이다. 그러나 흄의 시대 문학은 새뮤얼 존슨의 사전에서 정의한 바와 같이 "학문, 글 쓰는 기술", 다시 말해 모든 종류의 학식을 의미했다. 기억해야 할 점은 흄이 자신을 현대의 좁은 의미의 철학자가 아니라 '문필가'라고 생각했다는 것이다. 따라서 역사와 경제에 대한 그의 글쓰기는 철학이라는 주요 관심사를 벗어난 활동이라기보다 다른 모퉁이를 탐색한 활동으로 보아야 한다.

흄은 프랑스로 가기 위해 두 뱃길 중 하나를 택했을 것이다. 하나는 영국 남동부의 작은 항구인 라이에서 프랑스 북부의 디에프까지 가는 길이고, 다른 하나는 도버에서 칼레까지 가는 길이다. 라이는 해협을 지나는 뱃길의 항구 기능을 이미 오래전에 상실했으니 흄은 아마 후자를 택했을 것이다. 나 또한 그랬다.

나는 도버에서 태어나 인근의 소도시인 포크스톤에서 자랐다. 도버나 포크스톤에서는 맑은 날 프랑스 해안이 보인다. 그러나 지리적으로 이토록 가까운 두 나라의 문화적 차이는 오늘날에도 적지 않다. 도버에서 프랑스가 가깝다는 것을 보여주는 유일한 증거는 늘어서 있는 배들뿐이다. 오늘날에도 그러하니 흄의 시대에는 그 차이가 훨씬 컸을 것이다.

세월이 흘러도 프랑스로 가는 이 여행에는 변하지 않은 것이 하나 있다. 고국을 떠나는 흄의 뒤로 멀어지던 도버의 화이트클리프

풍광이다. 화이트클리프는 이제 영국의 상징이 되었다. 절벽을 처음 볼 때 그 풍광이 자아내는 친숙한 환대의 느낌은 아이러니하게도 외세의 침략으로부터 영국을 보호하는 요새 기능을 해왔다는 점 또한 상기시킨다.

흄의 시대에도 이 양날의 상징성은 효과를 발휘했을 것이다. 당시 영국은 평시보다 전시가 더 많았을 만큼 프랑스와 자주 전쟁을 벌였다. 흄이 이러한 교전의 짧은 소강기를 틈타 프랑스로 가는 두 번의 여정에 성공했다는 사실이 기적으로 보일 정도다. 나는 이 점이 흄이라는 지성인이 지닌 개방적인 태도를 상징한다고 생각한다. 흄에게는 모든 사상가와 학자가 일종의 도반이었다. 물리적 장벽을 넘어 지적인 지평을 넓히는 일은 그에게는 절대로 놓치지 말아야 할 중요한 기회였다.

흄은 파리 북쪽의 랭스에 잠시 머무른 뒤, 프랑스 중서부 루아르 강 계곡에 있는 라플레슈로 갔다. 라플레슈를 큰 강둑 인근, 포도밭으로 둘러싸인 목가적이고 고즈넉한 농촌쯤으로 상상할 수도 있지만, 요즘의 이곳은 그런 환상을 여지없이 무너뜨린다. 그저 평범하기 짝이 없는 소읍이기 때문이다. 고속버스를 찾느라 중심 시가지를 돌아다녀도 마당에 자갈을 깔고 야외 테이블을 내놓은, 광장 모퉁이의 아름다운 카페 따위는 기대할 수 없다. 카페로 들어가도 텔레비전에서 스포츠 중계방송만 덩그마니 흘러나올 뿐 골루아즈 담배를 피우는 지역민들의 모습은 보이지 않는다.

흄이 살던 시대의 라플레슈는 오늘날보다는 특색이 있었을 것이다. 하지만 아무리 그렇다 해도 라플레슈는 흄 같은 "위대한 비기

흄의 대표작 『인성론』을 탄생시킨 프랑스 라플레슈

흄은 일생 프랑스를 두 번 찾았는데, 두 번의 여정 모두 그의 생애와 사상을 이해하는 데 긴요한 길잡이가 된다. 그 첫 번째 행선지는 프랑스 중서부의 루아르강 계곡에 위치한 시골 마을 라플레슈였다. 이곳에는 르네 데카르트를 비롯하여 저명한 학자들을 다수 배출한 예수회대학이 있다. 흄은 사상의 자유가 많이 허용되었던 이곳에서 지적 자극을 받으며 주저인 『인성론』의 대부분을 썼다.

독교도"가 선택한 곳 치고는 여전히 이상하다. 당시 이곳의 유일한 명물은 바로 기독교 문화의 대표적인 교육기관인 예수회대학이었기 때문이다. 예수회 수사들은 기독교도, 그중에서도 흄이 자주 비판했던 종류의 미신에 빠져 있는 가톨릭교도들이었다. 그러나 분명히 밝혀두자면 흄은 열성적인 무신론자는 결코 아니었다. 그는 평생 동안 많은 성직자들과 교분을 나누었고, 그의 편지에 나타난 바대로 그들의 관계는 편안하고 온건한 놀림과 짓궂은 장난기로 가득차 있었다. 오늘날에도 그렇듯 예수회는 가톨릭교회에 속한 수도회 중 가장 학식이 높은 기관 중 하나였다. 흄은 예수회 신학에 동의하지는 않았지만, 예수회 성직자들과 어울리면서 지적 자극을 적잖이 받았을 것이다.

라플레슈의 예수회대학 졸업생 중에는 저명한 학자가 즐비하다. 오늘날 이 대학 벽에 붙어 있는 명판에는 17세기의 수학자이자 물리학자이자 철학자인 마랭 메르센의 이름이 적혀 있다. 그 위에 붙어 있는 또 다른 명판은 서양 근대 철학의 출발점인 르네 데카르트를 기리고 있다. 1638년, 데카르트는 이 대학이 제공하던 비옥하고 풍요로운 학문 환경에 관해 서술한 적이 있다.

프랑스 전역에서 오는 청년들의 숫자뿐만 아니라 이들이 서로 나누는 대화는 다양한 기질이 서로 섞이는 결과를 낳고, 이는 이들이 여행을 하면서 얻는 것과 거의 동일한 종류의 학문적 효과를 낳는다.

— 다리오 페리네티, 「라플레슈에서의 흄」 중

데카르트와 대결하다

흄의 공부 프로젝트를 이해하는 데 가장 중요한 인물은 데카르트다. 데카르트는 흄이 가장 강력하게 반발했던 합리주의 철학자의 전형이었다. 데카르트는 인간 지식의 안정적 기반을 선천적 인식 능력인 순수이성에 국한하고자 했다. 이 목적을 위해 그는 모든 것을 의심하는 회의론 프로젝트를 실행했고, 의심할 바 없이 확실한 것만 남겨놓기로 결심했다. 그는 회의론 프로젝트를 진행하는 자신을 가리켜 "사과 바구니에 가득 들어 있는 사과들 중 일부가 썩어 나머지까지 썩게 만드는 일을 방지하기 위해 이미 썩은 사과를 빼내는" 사람과 같다고 설명했다. 사과가 썩는 것을 방지하는 유일한 방법은 사과를 다 빼내어 하나하나 살펴본 다음 흠이 하나도 없는 것들만 바구니에 도로 넣는 것이다. 그는 우리의 생각에 대해서도 이와 똑같은 과정을 적용해야 한다고 주장했다. "틀린 생각을 옳은 생각과 분리하여 틀린 생각이 나머지를 오염함으로써 생각 전체를 불확실성에 빠뜨리는 일을 예방해야" 한다는 논리였다.

문제는 생각이라는 사과에 성한 데가 거의 없다는 점이다. 외부 세계의 대상조차 존재한다고 확신할 수 없다. 미친 사람들은 존재하지 않는 것을 보지 않는가? 그리고 꿈을 꾸면서 그것이 진짜라고 확신하는 짓 또한 누구나 하지 않는가? 그렇다면 세계 전체가 망상이거나 꿈일 가능성을 완전히 배제할 수는 없다.

그러나 의심할 수 없는 것이 딱 한 가지 있다. 의심을 행하고 있는 생각하는 존재가 바로 그것이다. 모든 것을 의심해도 의심하는

근대 철학의 아버지 르네 데카르트(1596~1650)

젊을 때부터 진리의 불확실성에 시달렸던 데카르트는 철학을 분명하고 확고한 토대 위에 다시 구축하고자 했다. 이를 위한 출발점이 기존의 인식에 대해 모두 의심하는 '방법적 회의'다. 이것은 확실한 인식만을 확보하기 위해 불확실해 보이는 모든 것을 제거해나감으로써 틀린 생각이 생각 전체를 오염하는 일이 없도록 예방하는 방편이다. 이를 통해 데카르트는 세상의 모든 것을 의심해도 의심할 수 없는 것을 딱 하나 찾아냈으니, 그것은 바로 '생각하는 나 자신'이다. 전통 형이상학에서처럼 진리의 토대를 초월적 존재에서 찾는 것이 아니라, 생각하고 있는 인간 자신에게 둠으로써 사유의 역사는 새롭게 쓰이기 시작했다.

행위 자체는 의심할 수 없다. 의심을 하려면 의심하는 존재가 있어야 하기 때문이다. 따라서 우리가 물질인지 아닌지, 우리의 몸이 신기루인지 아닌지는 확실히 알 수 없지만 우리가 사유하고 있다는 것 자체는 의심할 수 없다. 데카르트가 여기서 내린 결론은 인간이란 본질적으로 '물적 존재res extensa'가 아니라 '생각하는 존재res cogitans'라는 것이다.

데카르트는 이 탄탄해 보이는 기반으로부터 인간 지식의 나머지를 재건하려 했다. 그는 선한 신은 반드시 존재하며, 그 신이 인간을 체계적으로 속일 리가 없다고 주장했다. 이를 통해 그는 외부 세계에 대한 타당한 믿음을 복구할 수 있었다. 하지만 데카르트 이후 대부분의 철학자들은 그의 이 재건 프로젝트가 해체 프로젝트보다 설득력이 떨어진다고 생각한다. 요컨대 데카르트는 빠져나갈 수 없을 만큼 깊디깊은 회의론의 구멍을 파놓은 다음 스스로 빠져나오지 못하게 되어버렸다는 것이다.

라플레슈에서 대부분을 집필한 『인성론』에서 흄은 데카르트가 옹호한 거의 모든 내용을 거부했다. 데카르트의 '방법적 회의' 또한 예외가 아니었다. 흄은 데카르트의 방법적 회의를 '선행적 회의주의antecedent scepticism'라고 평가했다. 그가 보기에 '보편적 의심'에 기반을 둔 회의주의는 사유와 탐구를 통해 결론으로 귀결되는 의심이 아니라, 아예 사유의 출발점으로 나타나 모든 것을 불신하는 종류의 의심이다. 그러므로 그것은 앎의 근거로 뒷받침할 수도 없고, "그렇다고 고치거나 바꿀 수도 없는 종류의 의심이다. 따라서 그 어떤 이성적 추론으로도 사유 대상에 관한 확신을 애초부터 줄 수 없다."

어쩌면 데카르트의 더 근본적인 오류는 스토아학파의 오류와 동일하다. 즉 철학의 기반을 인간 본성이 아니라 추상적 원리에 두는 오류인 것이다. 흄은 "인간을 아는 것이야말로 다른 것들 알기 위한 유일한 기초이며" "인간을 알기 위한 유일한 기초는 경험과 관찰이어야 한다"라고 주장했다. 달리 말해 인간 본성은 물적 실재이지 추상적인 개념이 아니므로 인간 본성을 이해하고 싶다면 "실험 방법을 따르고 특정한 사례들을 비교하여 일반 원리를 끌어내야만 비로소 성공을 기대할 수 있다." 흄은 자연과학의 실험 방법을 철학의 영역로 도입한 셈이다. 이러한 접근법은 경험주의라 알려지게 된다.

반면 데카르트의 방법은 순수이성으로부터 출발하는 것으로, 합리주의라는 이름을 얻게 된다. 흄은 데카르트의 합리주의적 방법이 "그 자체로는 더 완벽할 수 있으나 인간 본성의 불완전함과는 어울리지 않으며, 다양한 주제에서 망상과 오류가 나타나는 흔한 원인이 바로 합리주의적 방법"이라고 보았다.

그러나 흄의 접근법이 중요한 한 가지 측면에서 데카르트의 접근법과 동일했다는 점만큼은 짚고 넘어가야 한다. 두 사람 모두 지식의 견고한 기반을 찾고 있었다는 점이다. 데카르트는 "과학의 견고하고 영구적인 구조를 확립하기를 원한다면 (…) 견고한 토대로부터 구조를 새롭게 구축해나가는 것"이 자신의 의도라고 주장했다. 흄 또한 데카르트와 매우 유사한 언어를 사용하여 "따라서 인간 본성의 원리를 설명한다고 주장하는 것은 결국 과학의 완벽한 체계, 전적으로 새로운 기반 위에 확립된 체계, 과학을 안정적으로 세울 수 있는 유일한 토대를 제시하는 것이다"라고 주장했다.

흄은 관찰, 즉 '인간을 아는 것'이 순수이성보다 더 낮다는 것을 주장했다는 면에서는 옳았지만, 관찰조차도 불확실한 기반이라는 난제에 봉착했다. 이런 측면에서 흄은 데카르트의 회의론을 거부했으면서도 자신의 논의를 끝까지 밀고 나가지는 못했다. 그는 결국 아무도 제공할 수 없는, 지식의 확고한 기반이 필요하다는 점을 그냥 받아들여버린 것이다. 영국의 철학자 앨프리드 줄스 에이어가 적절히 정리한 바에 따르면, "회의론자의 주장에 오류가 있다는 말이 아니다. 언제나처럼 회의론자의 논리는 흠 잡을 데가 없다. 그러나 그의 승리는 공허하다. 애초에 확실성을 정의할 때부터 확실성을 얻지 못한다는 점을 확인하는 정의를 제시함으로써 결국 남는 것이 아무것도 없기 때문이다."

회의론을 쳐부수는 더 나은 방법은 애초부터 이들의 논리—확실성이 필요하다는 논리—를 졸졸 따라가는 것이 아니라, 지식의 확실한 기반을 요구하는 것 자체가 불합리하다고 주장하는 것이다. 이후의 경험주의 철학자들은 지식에는 토대라는 것이 애초부터 아예 없으므로 거기서부터 "무엇을 **쌓아올리는** 것 자체가 불가능하다"라고 주장해왔다. 지식에 대한 주장의 타당성은 상이한 진실들이 서로 일치한다는 점에서 도출될 뿐이다. 비트겐슈타인의 말대로 "나는 확신의 바닥까지 가보았다. 그나마 말할 수 있는 결론은 다음과 같다. 집 전체를 지탱하는 것은 집 아래의 **토대가 아니라 사방에 기초 격으로 세워놓은 벽**이라고."

지식의 기초로 이성이나 합리성 대신 경험을 옹호한 것은 흄이었지만, 정작 여러 측면에서 과학자의 면모를 보인 것은 얄궂게도 흄이 아니라 데카르트였다. 라플레슈 예수회대학 도서관에서 데카르트가 집필한 『인간론』의 1664년 초판을 직접 보았다. 이 놀라운 책에는 인간 신체를 정교하게 해부해놓은 그림이 수십 장 담겨 있다. 감각의 작용 방식에 대한 정밀한 이해와 지식을 증명하는 그림이다. 그중 하나에는 불꽃 위쪽에 손을 댄 모습이 묘사되어 있다. 몸속 신경이 손에서 뇌로 신호를 전달해 열감이 전달되는 과정을 보여주는 그림이다.

반면 흄은 자연계를 상세히 탐구한 적이 없다. 그의 '실험'이란 평범한 경험을 세심하게 관찰하는 일 이상은 아니었다. 가령 그의 『인성론』에는 자신의 이론을 검증하기 위해 실험을 설계하여 자세히 설명하는 섹션이 나온다. 하지만 이러한 실험은 순수한 **사고실험**에 불과하기 때문에 독자들은 내적 성찰과 상상력만으로 그의 이론을 '검증'해야 한다. 진정한 의미의 실험이 없다는 점이 흄의 약점이었다.

하지만 어찌 되었건 과학적인 탐구가 아니라 이성과 내적 성찰이야말로 존재를 탐구하는 인간의 본성을 드러낸다고 주장한 사람은 흄이 아니라 실험의 대가인 데카르트였다. 『인간론』의 첫 줄이 입증하는 바대로 데카르트는 인간이 영혼과 육신으로 이루어져 있다고 생각했다. 그의 독자였던 흄은 인간 신체에 대한 데카르트의 과학적 접근법이 지닌 함의를 오히려 저자 자신보다 더 명료하게 알아보았던 것 같다.

흄과 데카르트는 **과학적 접근법과 아닌 것을 구분하는 일이 그리 간단한 문제가 아니라는 것**을 보여준다. 과학자라 하더라도 기존에 가지고 있던 이념이나 철학적인 견해 때문에 증거를 알아보지 못할 위험이 상존한다. 과학자가 아닌 사람이 과학자가 보지 못한 과학적 함의를 더 잘 이해할 때도 있다. 이로부터 흄이 주장할 만한 또 하나의 금언을 유추해볼 수 있다. **실재와 인간 본성에 관한 정확한 견해를 형성하는 능력은 전문적인 과학 지식이 아니라 경험 전반, 그리고 이것들이 서로 합치되는지에 주의를 기울이려는 의지에 달려 있다.**

데카르트가 흄처럼 예수회대학에서 연구를 했다는 사실은 흥미로운 이야깃거리다. 그러나 흄의 시대에 데카르트의 철학은 로마가톨릭 교회의 공식적인 규탄 대상이었다. 1663년, 데카르트의 전 저작은 가톨릭교도들이 읽지 말아야 할 금서 목록에 올랐다. 그러나 정작 예수회 회원들은 이 금기를 진지하게 받아들였던 것 같지 않다. 1776년의 예수회대학 도서관 목록에는 확실히 데카르트 항목이 있고, 당시 그의 저작 판본들은 지금도 목록에 있다.

예수회대학은 공부하고 생각하기에 좋은 최적의 조건을 제공했을 것이다. 대학 부지는 약 4만 평이며, 그중 6000평은 정원용 땅이다. 그러나 오늘날 이곳의 모양은 자갈을 깐 통행로를 넓게 수직으로 배치하는 등 격식을 잔뜩 차린 전형적인 프랑스식이다. 원래의 모양은 더 정교한 기하학적 조경을 갖춘 르네상스식이었을 것이다. 외양은 바뀌었지만 정원이 제공했을 고요한 분위기만큼은 오늘날에도 충분히 느낄 수 있다. 흄은 이곳을 거닐면서 자신이 읽거나 쓰고 있던 것들에 관해 자유로이 생각했을 것이다.

이곳은 1764년부터 군사학교가 되었다. 이후 1808년에 나폴레

예수회대학의 후신인 프리타네국립군사학교

앙리 4세의 지원으로 1604년에 처음 문을 연 라플레슈의 예수회대학은 1764년부터 군사학교
가 되었고, 1870년에 프리타네국립군사학교가 되어 오늘날에 이르고 있다. 흄이 다닐 당시 유
럽의 어느 예수회대학보다도 건물과 정원이 아름답기로 유명했다. 이제 그 외양은 바뀌었지
만 넓은 정원이 제공했을 고요한 분위기만큼은 지금도 여전하다.

옹이 육군유년학교를 이곳으로 옮겼고, 1870년에 프리타네국립군사학교가 되어 오늘에 이르고 있다. 이곳에는 아직도 라틴십자가 모양으로 지어진 천장 높은 흰색 석조 예배당이 있다. 흄이 이곳에서 많은 시간을 보냈을 것 같지는 않다. 그러나 그는 종교에 대한 회의론에도 불구하고 이 성당 건축물이나 그것이 지닌 문화적 함의에 편견을 가지고 있지는 않았다. 그가 교회 건축물에 대해 보인 태도를 생각하면 평생 동안 모든 종류의 파벌 싸움을 혐오했던 그의 태도 또한 이해할 수 있다. 그는 「통치의 첫 번째 원리에 관하여」라는 평론에서 "파벌을 좇아 행동하는 인간은 수치심이나 후회 없이 명예와 윤리를 버리고 자신이 속한 파벌에만 충성하기 쉽다"라고 썼다. 「정당들 일반에 대하여」라는 그에서는 "파벌은 정부를 전복하고 법을 무력화하며 서로 돕고 보호해야 할 같은 국가 내의 사람들 사이에 포악한 적대감을 낳는다"라고 첨언했다. 사회를 양극화하고 국민을 대변한다는 핑계로 자신이 반대하는 사람들을 경멸하는 오늘날의 세태를 그가 보았다면 분명 절망했을 것이다.

흄은 자신이 철저히 비판하는 신앙을 가지고 있는 사람들 사이에서 3년이라는 세월을 보냈다. 이는 앞에서 그가 피력한 의견에 진정성이 있었음을 드러낸다. 여기서 또 하나 흄이 남겼을 법한 금언. **회의적이어도 개방적이라면 두려워할 것이 없다. 반대하는 사람들과 함께하며 의견을 구함으로써 많은 것을 얻는 자가 진정한 의미의 지성인이다.**

기적을 반박하다

흄의 가장 중요한 사상 중 적어도 한 가지는 라플레슈의 대학에 머무는 동안 탄생했다. 그는 훗날 이렇게 회고했다.

> 젊은 시절 2년 동안 나는 이곳에서 공부하며 예수회 수사들과 학문에 관해 대화를 나누었다. 어느 날 한 수사가 자기들의 수도원에서 일어난 터무니없는 기적에 대한 말을 꺼냈다. 수사에게 반론을 제기하고 싶은 마음이 들었다. 당시 나는 『인성론』을 쓰고 있었고 머릿속에 관련 주제로 가득 차 있었기 때문에 기적과 관련한 반론은 생각할 필요도 없이 바로 떠올랐다. 곧바로 반론을 제기한 나 때문에 그 수사는 적잖이 화가 났을 것이다.
>
> ─어니스트 캠벨 모스너, 『데이비드 흄의 생애』 중

흄은 이 반론을 『기적에 관하여』에 명료히 밝혀놓았다. 그가 제시한 반론의 중심 원칙은 아름다울 만큼 간단명료하고 정연하다. 그 중심 원칙이란 "약한 증거는 더 강한 증거를 결코 이길 수 없다"라는 것이다. 기적이 실제로 일어났다는 증거는 일어나지 않았다는 증거보다 늘 약할 수밖에 없기 때문에 기적이 실제로 일어났다는 것을 믿을 만한 근거가 있을 수 없다는 논리다.

기적을 옹호하는 증거가 믿음을 줄 만큼 강력하지 못한 이유는 무엇일까? 흄이 내세운 반론의 핵심은 "기적이 자연법칙을 위반한 것"이라는 점이다. 단지 일어날 가능성이 희박한 사건을 기적이라

고 하지는 않는다. 누군가 비행기에서 추락해 죽을 상황인데, 기이한 돌풍이 불고 아주 푹신한 곳에 떨어져서 그가 살아남았다면 이는 놀라운 행운이지만 기적은 아니다. 반면 비행기에서 추락한 사람이 날아오른다면 그것은 기적일 수 있다.

흄의 반론에 따르면, 인간은 경험상 자연법칙에 늘 예외가 없다는 점을 알고 있기 때문에 자연법칙이 통하지 않았다는 주장, 즉 기적이 일어났다는 주장을 반박하는 증거는 "경험을 통해 나온 다른 모든 주장만큼 완벽하고 흠이 없다." 우리의 일관된 경험에 따르면, 중력은 늘 효력을 발휘하고, 열은 늘 얼음을 녹이며, 죽은 자는 부활할 수 없다. 기적을 반박하는 증거는 도처에 있다. 일관된 경험이 있다는 사실만으로도 기적의 존재를 반박하는 증거로 손색이 없다.

기적이 일어났다는 증거는 절대로 강력할 수 없다. 기적은 늘 한 사람이나 소수의 증언에 기반을 두고 있기 마련이고, 그러한 증언은 자연의 일관성에 대한 가정을 뒤흔들 만큼의 신빙성을 가지지 못하기 때문이다.

역사를 통틀어, 교육을 받아 식별력과 학식을 갖추고 온갖 미혹에 맞서는 태도로 우리를 안심시키는 사람들, 틀림없는 진실성을 갖춘 사람들, 따라서 타인을 속일 그 어떤 계획도 꾸미지 않는다고 확신할 수 있는 사람들, 사람들이 보기에 분명한 신뢰와 평판을 얻고 있어 조금이라도 거짓을 저지른다는 것이 발각될 경우 잃을 것이 많은 사람들……. 충분히 많은 이런 사람들이 보았다고 증언하는 기적은 발견되지 않는다. 또한 공개적으로 사실 입증을 시행함으

로써 세상에 존재한다고 칭송받고, 그 결과 우리가 꼭 살펴보아야
할 대상이 될 정도로 입증을 거친 기적 역시 존재하지 않는다. 이
모든 조건을 충족시키지 못하면 기적을 보았다고 증언하는 사
람들의 말을 온전히 확신할 수 없다.

— 데이비드 흄, 『인간 오성 연구』 중

    라플레슈는 기적에 반론을 제기하는 흄의 논거 형식뿐만 아니라,
반론에 사용한 많은 사례를 제공해주었다. 그가 이곳에 머물던 당
시 예수회 회원들과 얀센파(초대 기독교의 엄격한 교리로 돌아가자고 주
장하면서 신의 은혜를 강조하고 인간의 자유의지를 부정했던 종교 일파로, 로
마 교황으로부터 이단 선고를 받았다) 사이에는 신학 논쟁이 끊임없이 벌
어지고 있었다. 이때 벌어진 가장 열띤 논쟁 중 하나는 얀센파 사제
였던 프랑수아 드 파리스의 무덤에서 일어났다는 기적에 관한 것이
다. 흄은 『기적에 관하여』에서 이 논쟁을 반론의 사례로 이용했다.
    흄은 파리스의 기적을 목격자들의 증언이 탄탄히 받쳐주는 듯 보
이는 사례로 제시한다. "이 기적들 중 많은 것들이 현장에서 즉시
증언의 대상이 되었다. 의심할 바 없는 진실성을 갖춘 판관들 앞에
서, 신용과 탁월함을 갖춘 증인들의 입으로, 그것도 학식의 시대에
세계에서 가장 저명한 학문의 전당에서 말이다." 예수회조차도 "세
속의 행정관이 지지하는 지식의 전당인 데다 기적 관련 견해를 잘
믿지 않는 단호한 기관인데도 기적에 대한 주장을 명료하게 반박하
거나 감지해내지 못했다."
    하지만 흄이 보기에 이러한 정황은 아무리 그럴듯해 보여도 실제

얀센파 사제인 파리스의 무덤을 찾아온 참배객들

흄이 라플레슈에서 지낼 당시, 예수회와 얀센파 사이에는 파리스의 무덤에서 일어났다는 기적을 두고 뜨거운 논쟁이 벌어졌다. 얀센파 사이에서 존경받던 파리스 사제가 세상을 떠나자 수많은 인파가 그의 장례식에 모여들었는데, 그때 전신 마비였던 한 여인이 그 자리에서 치유되었다는 사건이 일어났다. 이후 파리스의 무덤에서는 온갖 기이한 일이 계속해서 벌어졌고, 결국 루이 15세는 무덤을 폐쇄시켜버렸다. 흄은 『기적에 관하여』에서 이 일을 증언이 탄탄히 받쳐주는 듯한 사례로 제시했다. 하지만 기적은 자연법칙을 위반한 것이라는 점에서 그것을 믿을 만한 타당한 근거가 없다고 보았다.

로 기적이 일어났다는 것을 합리적인 사람에게 설득할 만큼 충분한 증거가 되지 못한다. "현명한 사람은 증거에 비례해 자신의 믿음을 조정한다." 흄의 경고에 따르면, 현명한 사람은 증언을 행한 당사자를 보고 증언을 믿지는 않는다.

우리는 "유명하고 그럴듯한 맹신과 망상의 원리"를 경계해야 한다. 흄은 맹신과 망상이 만연해 있다고 생각했다. "놀라움과 경외감이라는 강렬한 감정"은 확실히 "기분 좋은 느낌"이다. 사람들은 이러한 감정 때문에 기적에 관한 이야기를 믿는다. 흄은 이를 뒷받침하는 증거로 "여행자들의 기적에 관한 이야기, 바다와 육지의 괴물에 관한 묘사, 기이한 모험, 기이한 인간들, 미지의 삶의 방식에 대한 이야기가 얼마나 탐욕스럽게 받아들여졌던가?"라고 반문한다.

언변에 능했던 흄은 자신의 반론 의도가 성서에 전해지는 기적이 결코 일어난 적이 없다고 밝히는 것이 아님을 분명히 했다. 그 기적이 일어났다는 것을 믿을 만한 타당한 근거가 없음을 보여줄 뿐이며, 그 기적을 신앙으로 믿는 것은 별개의 사안이라는 것이다.

> 우리의 가장 성스러운 종교는 이성이 아니라 신앙에 기반을 두고 있다. 따라서 어울리지도 않는 증명이라는 시험에 종교를 들게 하는 것은 종교가 신앙에 기반을 두고 있다는 점을 드러내는 가장 확실한 방법일 뿐이다.
>
> — 데이비드 흄, 『인간 오성 연구』 중

흄은 신앙이 **증명**이라는 시련에 어울리지 않는다는 점을 시인함으로써 능수능란하게 문제를 빠져나갔다. 비판자들은 결국 흄이 기적의 불가능성을 입증하지 못했다고 말하지만, 기적의 불가능성을 밝히는 것은 흄의 의도가 아니었다. 어떤 사건, 심지어 기적이 벌어졌다는 것을 이성만으로 입증하거나 반증하는 것이 불가능하다는 점을 감안하면 일어날 수 없는 일은 없다. 하지만 기적이 불가능한 것이 아니라 해도 실제로 일어났다고 믿는 것은 합리적인 판단이 아니다. 흄의 주장은 기적을 합리적으로 믿을 수 없다는 말이지, 특정한 종류의 사건이 전혀 일어나지 않는다는 것이 아니다.

흄은 원래 기적에 관한 주장을 『인성론』에 포함할 작정이었으나 결국 누락했다. 기적에 관한 주장 때문에 논쟁이 과격해져 책 전체에 낙인이 찍혀 진지한 대접을 받지 못할까 저어했기 때문이다. 그는 런던에 돌아온 뒤 책에서 기적에 관한 내용을 삭제한 결정을 두고 "고귀한 부분들을 잘라냈다는 점에서 책을 거세한 것과 마찬가지다. 불쾌함을 유발하는 결과를 가능한 한 미리 줄이도록 애쓰는 일"이라고 기술했다. 기적에 대한 흄의 주장이 공개된 것은 1748년 『인간오성 연구』(『인성론』의 제1권인 「오성에 관하여」는 10년 뒤 『인간 오성 연구』라는 제목으로 바뀌었다)가 출간되면서였다.

흄 자신은 예수회대학의 교정에서 종교에 반론을 제기하는 아이러니를 꽤 즐겼다. 1762년, 그는 이렇게 썼다. "최소한 이렇게 생각할 자유가 예수회라는 수도원의 산물이었다는 사실은 정말 놀랍다." 그뿐만 아니라 자신을 놀려댈 만큼 여유만만했다. "나의 자유로운 생각이 궤변이라면 그 또한 그것이 태어난 장소의 맛을 풍긴다고 생각할 수 있겠다."

일상의 작은 섬세함에서 나오는 도덕

흄은 예수회대학의 도서관을 즐겨 이용했지만 머물던 집은 다른 곳에 있었다. 전기 작가와 연구자 들은 그곳이 이반도 저택이라고 말한다. 이 집은 대학에서 3킬로미터가량 떨어진 소읍, 루아르강 계곡이 내려다보이는 언덕 위에 있다. 오늘날 이반도 저택은 개인 소유라 둘러볼 방법이 없다. 결국 나는 라플레슈를 방문하면서 그 집이 서 있는 넓은 대지의 입구 쪽으로 무작정 차를 몰고 가서 초인종을 눌렀다. 주인인 듯한 여성이 응대해주었다.

구불구불하게 난 길을 걸어 저택이 있는 곳까지 올라가면서 흄이 이 집을 구한 것이 참 잘한 선택이었다는 확신이 들었다. 루아르강 계곡의 풍광이 펼쳐지는 이곳보다 더 고즈넉한 곳은 라플레슈에 분명 없을 테니까. 집주인은 흄이 머물렀다고 생각되는 방을 보여주었다. L 자 형이 꺾어지는 모퉁이에 있는 방이었다. 한쪽 창문으로는 라플레슈가 내려다보였고, 또 한쪽으로는 집의 정원이 보였다. 특별히 크지는 않지만 전망이 훌륭하고 대리석 재질의 회색 벽난로가 있는 방이었다. 흄의 책상은 최고의 전망을 자랑하는 창문 쪽에 있었을 것이라고 한다. 정말 그러했는지는 알 수 없지만 공부하기에 최적의 방이었던 것만큼은 확실하다.

흄은 프랑스에서 행복했고 사람들과도 곧잘 어울렸다. 그는 프랑스인들이 "예의바르고 사교적"이라고 생각했다. 1741년, 그는 "프랑스인은 그리스인들을 제외하고는 철학자, 시인, 웅변가, 역사가, 화가, 건축가, 조각가인 동시에 음악가였던 유일한 사람들이다. 공

흄이 예수회대학 시절에 머물렀던 이반도 저택

흄은 예수회대학에서 3킬로미터가량 떨어진 이반도의 저택에서 지냈다. 흄이 머물렀던 것으로 추측되는 방에 들어서면 한쪽 창으로는 루아르강이, 다른 한쪽 창으로는 정원이 내려다보인다. 흄은 훌륭한 전망과 고즈넉한 분위기를 자랑하는 이곳에서 문필가로서 최적의 시간을 보냈을 것이다.

연 무대에서만큼은 오히려 그리스인들보다 뛰어났다. 그리스인들은 영국인들보다 훨씬 비범했다. 그리고 무엇보다 일상생활 면에서 프랑스인들은 놀랍다. 그들은 예술 중에서도 가장 유용하고 기분 좋은 삶의 예술l'Art de Viver, 즉 사교와 대화의 기술을 완벽하게 갈고 닦았다"라고 썼다.

지금 이반도 저택에 살고 있는 주인 역시 프랑스인에 대한 이러한 평가와 다르지 않았다. 그분은 바로 자진하여 우리만을 위한 저택 투어를 안내해주었고, 옆집의 포도밭에서 나온 와인 한 병까지 선물로 주면서 도리어 미안하다는 듯 "이것은 제일 좋은 포도로 만든 그랑 뱅이 아니라 그냥 프티 뱅인 걸요"라고 했다. 나중에 뚜껑을 열어보니 집주인의 말이 맞았다. 유럽 전역에서 생산되는, 편안하게 마실 수 있는 소박한 와인이었다. 더 강한 맛이 나는 현대의 와인보다 흄이 마셨을 법한 스타일과 오히려 더 가깝다.

흄은 프랑스인들의 환대에만 감명을 받은 것이 아니었다. 다른 나라에서는 흔한 악덕이 프랑스에는 존재하지 않는다는 것 역시 인상 깊은 발견이었다. 랭스에 머물고 있던 무렵 쓴 편지에서 그는 "프랑스에서는 단 한 건의 싸움도 본 적이 없다"라고 썼다. 또한 "광대처럼 멍청한 짓을 하는 사람이나 무례한 사람을 프랑스에서는 만난 적이 없다"라고도 했다. 그는 "생활의 작은 섬세함"을 원인으로 진단했다. 섬세함이 "평범한 사람들을 세련되게 다듬고 야만과 무례함을 방지하는 기능을 수행한다"라는 것이다. 병사들이 군사 훈련 내용을 본능이 될 때까지 되풀이하여 용맹한 전사가 되듯, 혹은 신을 믿는 이들이 전례에 꾸준히 참석함으로써 더욱 경건해지듯,

사람들도 일상의 작은 예의범절을 반복적으로 실천함으로써 예절을 온전히 갖추게 되고, 이는 "사소하지만" "더 중요한 차원으로 쉽게 이행할 수 있도록 해주는 기반이 된다"라는 것이 흄의 설명이다.

이러한 견해는 흄의 도덕철학이 지닌 특징을 반영한다. 흄은 습관이야말로 올바른 행동의 열쇠라고 보았다. **사소하거나 중요한 모든 상황에서 바른 행동을 연습하면 어떤 상황에건 효력을 발휘하는 인격을 기를 수 있다.** 이러한 견해는 공자의 사상과 가깝지만, 물론 흄이 그것을 알았을 가능성은 전혀 없다. 그러나 이러한 견해가 아리스토텔레스의 도덕철학이 담고 있는 핵심 사상이라는 점은 알았을 것이다. 흄은 아리스토텔레스의 도덕철학에 관한 저작을 분명 읽었을 것이다. 그러나 희한하게도 그는 아리스토텔레스나 그의 저작을 거의 언급하지 않는다.

흄이 아리스토텔레스로부터 영향을 받았다는 것을 숨기듯 말 듯 인정한 유일한 경우는 "소요학파에 따르면, 적절한 중도야말로 미덕의 특징이다"라고 쓴 구절이다. 소요학파는 아리스토텔레스를 추종하던 철학 유파다. "적절한 중도"란 바로 중용의 원칙이다. 이 원칙에 따르면, 미덕은 단일한 악의 반대가 아니라 악덕의 양극단, 즉 결핍과 과잉 사이의 중간 지대에 존재한다. 관대함은 비열함이라는 결핍과 낭비라는 과잉 사이의 중도다. 용기는 비겁함이라는 결핍과 무모함이라는 과잉 사이의 중도이며, 유연함은 줏대 없음이라는 결핍과 경직성이라는 과잉 사이의 중도다. 흄은 검소함의 사례를 들면서 탐욕은 결핍이라는 악덕이요 헤픔은 과잉이라는 악덕이라고 설명한다. 이로부터 "그 어떤 자질도 절대적으로 비난할 만하거나 칭찬할 만한 것은 없다. 모든 자질의 가치는 정도에 따라 달라질 뿐이다"라는 결론이 도출된다. 공자도 이와 거의 같은 견해를 독립적으로 발전시켰다.

흄의 도덕철학이 아리스토텔레스와 공자의 사상과 유사한 점은 또 있다. 세 철학자 모두 도덕과 정중함과 예절을 윤리의 전체이자 본질이라고 여겼다는 점이다. 윤리는 우리의 행동이 자신과 타인에게 얼마나 유용하거나 받아들일 만한지를 다루며, 이는 크고 작은 여러 종류의 문제와 관련된다는 뜻이다. 흄의 말대로 "오점, 잘못, 악덕, 죄악은 다양한 정도의 비난과 반감을 의미하는 듯 보이지만 근본적으로는 모두 거의 동일한 종류다."

이는 의도적이건 아니건 도덕은 모두 행위와 관련된다는 뜻이기도 하다. 고대 그리스인들은 "자발적인 행동과 비자발적인 행동을 거의 구분하지 않았다. 그들은 비겁함, 비열함, 경박함, 불안, 초조, 어리석음, 그리고 그 밖의 다른 많은 정신의 특징들이 의지와는 별개로 터무니없고 추하며 한심하고 혐오스럽다고 생각했다. 타당한 판단이다." 흄은 그리스인들의 이러한 견해가, 의지를 발휘한 행위만 도덕적 평가의 대상으로 삼으려 했던 도덕론보다 상식에 더 부합한다고 생각했다. 그는 기존의 도덕론에 다음과 같이 반기를 들었다.

미덕과 악덕 역시 의지와 별개로 이루어지는 행위일 수 있다. 아름다움과 추함이 의지와 무관한 것과 마찬가지다. 만일 그렇지 않다면 그 이유를 누구라도 내게 밝혀주었으면 좋겠다.

— 데이비드 흄, 『인성론』 중

행위는 그것이 받아들일 만한 것인가, 혹은 유용한가 여부에 따라 미덕이 되거나 악덕이 된다. 미덕과 악덕에 관한 이러한 정의는 해당 행위가 자발적인지 아닌지 여부에 관해서는 아무 말도 해주지 않는다. 실제로 "지조와 용기와 아량을 비롯하여" 도덕과 관련된 많은 미덕은 "얼마든지 의지와는 별개로 또는 필연적으로 이루어진다. 위대한 인간을 만드는 모든 자질 또한 예외가 아니다."

흄은 또한 영어라는 언어의 한계를 지적한다. "미덕과 재능, 악덕과 결함 간의 경계를 구분할 때 영어는 별로 유용하지 않다"는 데 주목한 것이다. 언어가 이것을 구분하지 못한다는 것은 "우리가 생각으로도 구분하지 못하고 있음"을 암시한다. 따라서 프랑스인들의 습관적 행동에 감탄했던 흄의 평가는 그가 이들의 행동을 도덕적으로 칭찬할 만한 것으로 받아들였음을 시사한다. 사회 규범은 사회가 의도적으로 작동하지 않아도 얼마든지 옳거나 그를 수 있는 것이다.

철학은 수학이 아니다

흄은 라플레슈에서 왕성하게 글을 썼다. 『인성론』의 대부분을 이곳에서 집필했다. 흄은 『인성론』을 관통하는 핵심 사상을 책을 출간한 지 3년 뒤에 쓴 짧은 초록에 개괄해놓았다.

독자 여러분은 쉽게 알아차릴 것이다. 이 책에 담긴 철학이 매우 회의적이라는 것, 그리고 인간 이해력의 불완전함과 좁은 한계에 대한 견해를 제시하고 있다는 사실을 말이다.

— 데이비드 흄, 『인성론 초록』 중

『인성론』의 목적은 한마디로 실세계에 관해 의심할 수 없이 확실한 진리를 정립하려는 일체의 희망에 종언을 고하고, 경험에 기반을 둔 잠정적이고 불확실한 결론을 내리는 일을 철학의 과제로 규정하는 것이다. 이것은 하늘 높이 치솟은 철학의 콧대를 꺾는 일일 수 있다.

인간 이해력의 성질을 찬찬히 살펴보면 그것이 인간과 동떨어진 난해한 문제에는 전혀 어울리지 않는다는 것을 알게 된다. 힘들겠지만 이를 받아들일 때 비로소 앞날이 편안할 것이다. 이제 우리는 불순물과 가짜를 없앨 목적을 세우고 진정한 형이상학을 세심하게 만들어내야 한다.

— 데이비드 흄, 『인간 오성 연구』 중

흄은 『인성론』에서 아주 중요한 구분을 한다. 관념들의 관계를 추론하는 일과 사실 문제는 전혀 다르다는 것이 그것이다. 관념들의 관계를 추론할 때, 우리는 관념들 간의 논리적 관계를 분석할 뿐이다. 수학은 관념들의 관계를 추론하는 학문이다. 누구나 1 더하기 1이 2라는 것을 안다. 그 이유는 간단하다. 이 수식 내에 있는 모든 항의 의미를 생각할 때 이 식이 의미하는 바가 그뿐이기 때문이다. '결혼하지 않은 모든 남자는 총각이다'라는 명제 또한 정의상 참일

흄의 대표작 『인간 본성에 관한 논고』 표제지

흄이 라플레슈 시절에 집필하여 1739~1740년에 런던에서 출간한 『인간 본성에 관한 논고』(줄여서 『인성론』)는 오늘날에는 서양철학사의 물꼬를 바꾼 혁명적 저작으로 평가받지만, 당대에는 푸대접을 받았다. 이 책에 담긴 회의론은 흄에게 악명을 안겨주었고, 이는 그에게 삶의 커다란 걸림돌로 작용했다. 그는 한 편지에서 이 책에서 표명한 회의론의 목적을 "인간의 이성만이 전부라고 여기는 자들의 만용을 약화하는 것"이라고 했다.

수밖에 없다. 참이라 간주되는 이러한 명제들은 절대적으로 확실하게 알 수 있다.

그러나 사실의 문제는 관념들의 관계와 다르다. '내일은 해가 뜨지 않을 것이다'와 같은 진술에는 논리적 모순이 전혀 없다. 이 진술을 반박할 수 있는 것은 논리가 아니라 경험이다. 논리만으로는 세계의 운행 방식에 관해 아무것도 말할 수 없다. 가령 뭔가에서 하나를 뺀 다음 그것을 다른 하나와 합칠 때 어떤 일이 일어날지를 순수한 논리만으로는 연역해낼 수 없다는 뜻이다. 결국 남는 것은 뺀 한 개와 합칠 한 개 총 두 개다. 그러나 이 둘은 새끼를 낳아 세 개가 될 수도 있고 폭발해버려 0이 될 수도 있다. 아니면 둘이 합쳐져 하나가 될 수도 있다. 마찬가지로 어떤 남자가 결혼을 하지 않았는지 아닌지, 그래서 그가 총각인지 아닌지는 순수한 논리로는 추론이 불가능하다. 이것을 알려면 그의 인생에 대한 정보를 수집해야 한다.

흄이 보기에 모든 추론은 관념들의 관계와 사실 문제, 이 두 가지로 나눌 수 있다. 그는 『인간 오성 연구』의 결론에서 다음과 같이 주장했다. 관념들의 관계와 사실 간의 구별이 지닌 근원적 본질을 대담하고도 인상 깊게 표현한 명문이다.

〔앞에서 이야기한〕 이 원리에 설득되었다면 도서관 장서를 훑어보다 어떤 파괴 행위를 자행해야 할까? 가령 아무 책이나 뽑아서 펼쳐 본다고 가정해보자. 신을 다룬 책이건 강단의 형이상학을 다룬 책이건 상관없다. 그저 질문을 던져보라. 책에 담긴 내용 중 양이나 수에 관한 추상적 추론이 하나라도 있는가? 없다. 책에 담긴 내용

중 사실과 존재의 문제에 관한 실험적인 추론이 하나라도 있는가? 없다. 그렇다면 그 책을 불속에 던져버려라. 궤변과 망상으로 가득 찬 쓸모없는 책일 뿐이다.

— 데이비드 흄, 『인간 오성 연구』 중

관념들의 관계와 사실을 구분함으로써 흄이 도출한 가장 중요한 결론은 사실 문제에 절대적인 확실성이란 존재할 수 없다는 것이다. 『인성론 초록』에서 흄은 다음과 같이 설명했다. "논리라는 흔한 체계"는 "논리적 증거를 통해 증명을 하는" 데는 쓸모가 많지만, 개연성과 증거를 평가하는 데는 쓸모가 없다. "그러나 삶과 행위는 개연성과 증거의 평가에 전적으로 의존한다." 철학의 가장 중요한 문제는 수학 문제와 다르다. 수학 문제에는 엄정한 증명이 필요하지만 철학의 가장 중요한 문제들은 경험적 추론에 바탕을 두고 있기 때문에 확실성을 허용하지 않는다.

수학 문제와 철학 문제가 다르다고 주장하는 근거는 사안의 근본을 건드린다. 흄은 "개연성 있는 모든 주장은 미래와 과거가 일치하리라는 추정에 바탕을 두고 있다"라고 주장한다. 가령 인간이 필멸의 존재라는 생각은 100여 년 넘게 살아낸 인간이 하나도 없다는 관찰에 바탕을 두고 있다. 하지만 이러한 관찰은 언제나 과거에 이루어진 것이다. 미래의 인간에게 무슨 일이 벌어질지는 아무도 모른다. 그럼에도 우리는 미래 또한 과거와 같으리라 추정한다. 최소한 기본 자연법칙에 관해서만큼은 그렇다는 뜻이다.

이것은 상식이고, 이러한 상식에 본격적으로 반론을 제기할 사람은 없다. 하지만 흄은 과거와 미래 간의 이러한 일치는 입증이 불가능하다는 점을 놓치지 않는다. 그는 "과거와 미래의 일치는 사실의 문제이므로 이를 입증하려면 경험 증거 이외에는 어떤 것도 허용할 수 없다"라고 했다. "그러나 과거의 경험은 미래에 벌어질 일의 증거가 될 수 없다. 둘 사이에 유사성이 존재하리라는 추정만 있을 뿐이다."

이것이 그 유명한 '귀납의 문제'다. 귀납은 과거에 발생한 제한된 수의 사례로부터 미래에 통할 일반론을 도출하는 것이다. 문제는 과거의 사실로부터 미래의 결론에 다다를 방법이 논리적으로는 없다는 것이다. 가령 과거에 성냥을 그었더니 불꽃이 일어나 불이 붙었기 때문에 미래에도 계속 그렇게 될 것이라는 결론을 내리는 것은 논리가 허용하는 범위를 넘어선다.

우리는 '결과는 늘 원인에 상응한다'고 생각한다. 이러한 원리는 미래가 실제로 과거의 패턴을 따르리라는 확신을 준다. 그러나 흄의 주장에 따르면, 우리는 사실 인과의 작용을 관찰한 적이 한 번도 없다. 우리가 본 것이라고는 하나의 사건 후에 일어난 다른 사건뿐이다. 이른바 인과를 구성하는 두 사건 사이의 '필연적 연관성, 즉 인과를 작용시키는 힘 자체는 절대로 볼 수 없다.

그렇다면 왜 우리는 원인과 결과의 작용을 실제로 보고 있다고 여기는 것일까? 본능적인 정신 작용 때문이다. 정신이 연속적으로 벌어지는 두 사건 사이의 틈새를 메꾸어 실제로는 관찰할 수 없는 연관성을 직접 부여한다는 것이다. 이 작업에 필요한 연결의 힘은 결국 "상상이라는 가상"이다. 여기서 '가상illusion'이라는 단어는 오해의 소지가 있다. 흄이 이 단어로 의미하는 바는 인과에 대한 지각이 상상 작용에서 발생한다는 것이다. 우리가 상상하는 것이 실세계의 작용과 일치하는지의 여부는 미결의 문제다.

이제 흄이 던지는 질문은 "이러한 가상에 어느 정도까지 굴복해야 하는가?"라는 것이다. 이 질문에 답하려고 하면 우리는 "매우 위태로운 딜레마"에 빠지게 된다. 우선 상상 작용이 제공하는 가상을 섣불리 받아들여서는 안 된다. 지나친 상상은 "오류와 모순과 모호함을 낳고 이로 인한 맹신에 빠져 수치스러움을 모면할 수 없기 때문이다. 상상의 나래를 펼치는 것이야말로 이성에 대한 커다란 위협이다."

그러나 또 한편으로 착각에 빠질 것이 두려워 이성으로 확실하다 입증할 수 있는 것만 믿기로 한다면 이번에는 "완전한 회의론"에 빠져, 심지어 의자가 내 몸무게를 지탱해주리라는 것, 음식이 독보다 영양을 제공하리라는 것, 혹은 내가 아침에 나온 집이 저녁에 그대로 있으리라는 것조차 믿을 수 없게 될 것이다. 흄은 이러한 생각이 아주 골치 아프다고 토로한다. "이 모든 질문이 당혹스럽다. 상상할 수 있는 가장 개탄스러운 상황에 놓여 있다는 생각이 들기 시작한다. 깜깜한 심연 속에서 사지뿐만 아니라 모든 능력을 완전히 빼앗긴 느낌이다." 이제 이를 치유할 방도는 무엇인가? 흄은 아주 감동적인 답을 제시한다.

가장 다행스러운 점은, 이성은 이러한 구름을 걷어낼 능력을 가지고 있지 않지만, 본성은 양극단으로 빠져드는 생각의 경향을 느슨

경험과 관찰을 지식의 토대로 삼으려고 했던 18세기

흄은 인간을 제대로 이해하는 기초는 어떤 추상적 원리가 아니라 오직 경험과 관찰이라고 주장했다. 이성이 경험을 넘어서면 형이상학적 몽상과 독단에 빠진다고 보았기 때문이다. 이는 실험과 관찰을 토대로 개별 사례를 검토한 연후에 일반적 원리를 이끌어낸 근대 자연과학의 방법을 철학에 도입한 것이다. 이 그림은 18세기 영국 화가로서 산업과 과학이 만들어내는 기계 문명의 풍경을 즐겨 그린 조지프 라이트의 작품 〈공기 펌프 안의 새에 대한 실험〉다.

하게 풀어주거나 취미 활동을 통해 혹은 내 감각의 생생한 인상을 통해 이러한 구름을 걷어내고 나의 철학적 비애와 착란을 치유해준다는 것이다. 이것들은 이 모든 괴물 같은 생각을 제거해준다. 나는 밥을 먹고 주사위 게임을 하며 사람들과 대화를 나누고 친구들과 유희를 즐긴다. 이렇게 서너 시간 정도 즐거운 시간을 보내고 나서 다시 앞의 생각으로 돌아가면 그것들이 지나치게 차갑고 팽팽한 긴장으로 가득 차 있으며 심지어 터무니없다는 느낌이 든다. 그 결과 나는 이러한 생각으로 더 깊이 들어갈 수 없다는 것을 깨닫게 된다.

— 데이비드 흄, 『인간 오성 연구』 중

이 구절에서 뽑아낼 수 있는 흄의 금언을 19세기 미국의 실용주의자인 찰스 샌더스 퍼스에게서 차용해보면 다음과 같다. **"마음으로 의심하지 않는 문제를 철학에서만 의심하는 척하지 말라."**

많은 철학자들에게 흄은 철학이 해결할 수 없는 문제를 제기만 해놓고 정확한 답은 제시하지 않은 채 그저 어깨만 으쓱하고는 자기 갈 길을 간 것으로 보였다. 하지만 이러한 평가는 내가 보기에 흄이 실행했던 사유의 깊이와 미묘함의 진가를 온전히 알아보지 못한 엄청난 오류다. 논리적 추론의 한계에 대한 흄의 결론을 받아들이게 되면 이성만으로 지식의 토대를 세울 수 있다는 희망은 포기해야 한다. 오히려 이제 기댈 수 있는 것은 경험이다. 그러나 경험을 기반으로 결론을 내리는 것은 논리적, 합리적 추론을 기반으로 결론을 내리는 것보다 엄밀한 철학적 방식이 아닌 것으로 보일 수 있다.

흄이 인과 관계, 그리고 과거와 미래의 상응에 대해 제시한 사상은 타당한 철학적 근거가 없는 공허한 가정이 아니다. 그의 사상에서 빠진 것은 타당성 자체가 아니라 논리적 타당성일 뿐이다. 그에게 타당성은 경험에서 나온다. 세계를 주의 깊게 관찰해보면 사실의 문제에 대한 모든 추론은 원인과 결과에 대한 믿음을 통해 이루어진다는 것을 알 수 있다. 또한 인과에 대한 믿음을 이성이나 관찰로 정당화할 수 없다는 것도 알 수 있다. 이것은 흄의 업적이다. "관습" 혹은 습관은 "인간의 삶에서 위대한 안내자 역할을 수행한다. 우리의 경험을 유용하게 만들어주는 것, 그리고 사건의 연속성을 만드는 것, 즉 과거에 벌어진 사건과 유사한 사건이 미래에도 벌어지리라 예상할 수 있게 만들어주는 것은 습관이라는 원칙뿐이다."

그럼에도 불구하고 흄은 "원인에서 결과로, 결과에서 원인으로의 습관적 이행"을 "영구적이고 거부할 수 없는 보편적인 원리"라고 간주한다. 우리는 인과의 궁극적 타당성을 포기해도 인과를 믿을 수밖에 없다. 결국 흄의 회의론은 인과의 힘이란 절대로 존재하지 않는다는 식의, 인과의 힘 자체에 대한 의심이 아니다. 그것은 인과에 대한 믿음을 합리적으로 입증할 수 있는 능력이 우리에게 있다는 오만한 확신에 대한 숙명론적 의심이다.

흄의 주장은 안심과 불안을 동시에 안겨준다. 라플레슈에서 커피를 마시면서 나는 그 함의를 곰곰이 생각해보았다. 확실히 내가 하는 모든 일은 인과가 실재한다는 것, 자연에 주기와 규칙성이 있음을 전제로 한다. 바리스타가 커피를 필터에 담은 다음 에스프레소

기계에 넣고 버튼을 누르면 압력을 받은 뜨거운 물은 반드시 에스프레소를 추출해준다. 우유가 아니라 커피가 나오는 것이다. 내가 의자에 앉으면 의자는 나를 허공으로 내던져버리지 않고 내 무게를 안정적으로 지탱해준다. 세계에 관해 내가 당연시하는 사소한 모든 작용은 인과의 규칙성을 기반으로 한다. 그러나 나는 인과의 힘을 볼 수 없고, 내게는 그 힘이 실재라는 것을 알려줄 그 어떤 논리적, 합리적 논거도 없다. 내 본능이 자연에 맞추어져 있다는 것을 그저 믿을 수밖에 없다. 참 혼란스럽다. 하지만 다른 방법이 없다는 것 또한 분명하다. 나는 커피 잔을 입에 댄다. 입안으로 무엇이 들어올지 정확히 알고 있는 듯하지만 실제로는 전혀 **알지** 못한다. 그저 커피가 입으로 들어온다는 것을 믿을 뿐이다. **실재란 우리가 관습과 습관과 본능에 매달려 간신히 붙잡고 있는 어떤 것일 뿐이다.**

겸허한 이성을 위하여

흄은 '확실성'이라는 관념의 콧대를 꺾어놓은 동시에, 이성을 완전히 제거하지는 않았지만 그것의 콧대 역시 꺾어놓았다. 그는 이성이 모든 사실을 입증할 수 있는 도구라는 합리주의의 관념을 거부했다. 그의 예리하고 재치 넘치는 비유가 제시하듯 "공기가 있는 곳에서 실험이 성공한다고 해서 진공 속에서도 성공하는 것은 아니다." 하지만 흄은 모든 저작에서 분명히 이성적 추론을 실행하고 있다. 그의 회의주의가 강력한 힘을 발휘하는 이유는 그것이 기막힐 정도로 탁월한 이성 추론을 제시하기 때문이다. 그가 다음과 같은 역설을 눈여겨보았다.

> 논증과 추론을 통해 이성을 파괴하는 작업은 회의론자의 터무니없는 엉뚱한 시도처럼 보일 수 있다. 그러나 모든 탐구와 논쟁의 원대한 프로젝트는 바로 이성을 통해 이성을 허무는 것이다.
>
> ─ 데이비드 흄, 『인간 오성 연구』 중

이성을 반박하는 주장을 제기할 때조차 이성은 꼭 필요하다. 논증이야말로 이성을 요하기 때문이고 이성이 없는 주장은 아무런 근거도 없는 낭설에 불과하다.

문제는 이성을 새롭게 이해하는 것이지 거부하는 것이 아니다. 이성은 데카르트 같은 합리주의자들이 믿었던 확실성을 제공할 수 없다. 그러나 이성은 피론식의 완전한 회의론으로 귀결되지도 않는다. 피론주의는 모든 것에 대한 판단을 유보해야 한다고 주장했던 그리스 철학자 피론에게서 비롯된 것이다. 흄은 이런 식의 회의론을 받아들이지 않았다. 이러한 회의론을 수용하게 되면 "모든 인간의 삶이 사라지기 때문이다. 피론의 원리들이 꾸준히 보편적인 지배력을 행사하게 될 경우 인간의 삶은 아예 불가능해진다. 모든 담론과 행동은 즉시 중지되고 인간은 총체적인 무기력 상태에 빠지게 될 것이다."

그러므로 올바로 사용되는 이성은 확실성의 창조자와 파괴자 사이의 중간 지대에 서 있다. 이성은 불확실성을 통해 우리의 생각을

회의주의의 시조 피론(기원전 360~기원전 270)

피론은 사유도 감각도 믿기 어렵기 때문에 외부 대상에 대한 판단을 일체 중지(에포케)해야
하며, 오직 개연성의 차원에서만 말할 수 있을 뿐이라고 본 고대 그리스의 철학자다. 반면 흄
은 이성 자체를 배격한 것이 아니라 이성이 모든 사실을 밝혀줄 수 있다는 믿음을 거부했을
따름이다. 즉 이성을 통해 우리가 알 수 있는 것과 알 수 없는 것을 다시 검토해보자는 것이었
다. 그러므로 그의 회의론은 피론의 절대적 회의론과는 결을 달리한다. 흄은 피론식의 회의론
을 받아들이면 인간의 삶은 아예 불가능해진다고 보았다.

인도한다. 흄은 이러한 형식의 이성을 "온건한 회의주의" 혹은 "학구적인 철학"이라 칭했다. 이러한 이성은 피론식의 절대적 회의주의의 과도한 의심을 만나 그것을 "상식과 숙고"로 "교정할" 때 얻을 수 있는 것이다. 흄은 말한다.

> 〔철학을 한다는 것은〕 평범한 삶에 대한 이성적 추론과 본질적으로 다를 것이 전혀 없다. 철학으로부터 우리가 기대하는 것은 더 큰 진리가 아니라 더 큰 안정성이다. 철학은 더 엄밀하고 꼼꼼한 추론 절차 덕에 이러한 안정성을 제공한다.
> — 데이비드 흄, 『자연종교에 관한 대화』 중

흄이 제시하는 것은 더 온건한 형태의 이성이지만, 온건하다는 것이야말로 바로 이 이성의 미덕이다. 여기서 나오는 흄의 또 하나의 금언. **이성에 대한 태도와 이성 추론의 방식에서 극단은 금물이다.** 흄이 관찰한 바대로 "많은 사람들은 선천적으로 독단적인 의견을 갖는 경향 있다. 그들은 대상을 한쪽 측면에서만 보고 반대 주장을 생각하지 않기 때문에 마음이 내키는 원칙이나 주장 쪽으로 황급히 달려간다. 그들은 또한 자신과 다른 감정을 가지고 있는 사람들에게 관대하지 못하다." 독단적 의견을 막기 위해서는 자신의 지적 한계를 더욱 명확히 인식해야 한다.

독단적 이성주의자들은 인간의 이해력이 기이할 만큼 병약하다는 것, 심지어 가장 완벽한 상태에서도, 가장 정확하고 신중한 결정을

할 때조차도 매우 약하다는 것을 깨닫게 된다면 더 겸허하고 신중
해질 것이고, 자신들이 선호하는 의견과 상대에 대한 편견을 누그
러뜨릴 것이다.

— 데이비드 흄, 『인간 오성 연구』 중

흄은 철학을 하려는 이들에게 오만을 경계하라고 거듭 독려한다.
"지혜와 탁월한 능력을 자만하는 철학자들은 탐구심이 강한 사람들
을 만나면 만만치 않은 어려움과 혼란에 봉착할 것이다"라는 것이
그의 경고다. "이러한 혼란을 막기 위한 최상의 방안은 자만과 허세
를 줄이는 것, 어려움이 닥치기 전에 먼저 스스로 자만을 발견하는
것이다. 이런 식으로 우리의 무지는 장점으로 변모할 수 있다."

이성을 과신하지 않는 태도가 끼치는 긍정적 영향은 또 있다. "탐
구의 범위를 인간의 좁은 이해력에 가장 잘 어울리는 주제에 국한
하는 것"이다. 각자의 경험을 초월하는 궁극적 실재에 관한 사변을
중단하고 이해력의 범위 안에 있는 것에 집중해야 한다. 흄의 말에
따르면, "올바른 **판단**"은 "고원한 문제를 탐구하는 일을 피하며, 보
통의 삶과 일상의 실천과 경험과 관련된 주제에 탐구를 한정한다.
고원한 주제는 시인과 웅변가의 윤색이나 성직자와 정치가들의 수
사거리로 남겨둔다."

한계를 인정하는 이러한 태도, 즉 합리성의 이 겸허한 버전에는
매력적이고 인간적인 무엇이 있다. 그러나 이러한 버전의 이성이
정확히 무엇인지는 명확해 보이지 않을 수 있다. 이러한 이성은 논
리적인 연역 추론이 아니라 경험에서 나온 종류의 이성적 추론이라

는 것을 우리는 안다. 하지만 귀납 추론의 문제—어떻게 제한된 경험으로부터 더 넓은 일반화로 추론해가는가 하는 문제—는 해결된 것 같지 않다.

하지만 흄이 경험에 대한 올바른 이성 추론이 무엇인지에 관해 명료하게 **말해주지** 않는다 해도 그는 분명 이를 보여주기는 한다. 흄의 사례로부터 더 나은 이성 추론을 위한 몇 가지 준칙을 끌어낼 수 있다.

첫째, 이성 추론을 시작해서 결론을 끌어내기 전에 자신이 알고 싶어 하는 것—그것이 무엇이건 간에—에 세심한 주의를 기울이라. 당연하고 뻔해 보이는 준칙이지만 철학의 역사는 이 당연한 규칙을 어기면서 존중하는 척 체면치레만 해왔다는 것을 보여준다. 알고 싶은 대상에 세심한 주의를 기울이는 탁월한 능력 덕분에 흄은 인과의 작용을 실제로 관찰하는 것은 절대로 불가능하다는 것을 도출해낼 수 있었다. 명확하게 보는 것은 명확하게 사유하고 이해하는 일의 선결 요건이다.

둘째, 합리적 주장을 믿게 하려면 설득력 있는 근거를 제시해야 한다. 그 방법은 여러 가지가 있는데, 철학은 논리적 단계들을 포괄하는 추론에 주안점을 두는 경향이 있다. 주목해야 할 점은 '~라면' 식의 가정으로 시작하는 추론은 철학적으로 확립할 수 있는 성질의 것이 아니라는 점이다. 흄이 연역 추론을 중시하지 않았던 이유 중 하나가 바로 이것이다. 논리적 추론은 전제가 타당하다는 조건에서만 타당하며, 세계가 어떤 식으로 존재하는가 하는 문제로 넘어가면 그 어떤 전제도 논리적인 연역 추론을 안정적으로 끌어낼 만큼 안정적이지 못하다.

다행히 설득력 있는 논거를 제시할 다른 방법이 없지는 않다. 두 가지 설명 중 무엇이 반드시 옳은지 보여주는 결정적 방법은 전혀 없지만, 둘 중 하나가 왜 다른 것보다 더 그럴듯한지 개연성은 보여줄 수 있다. 이것이 기적에 대한 믿음에 반론을 제기할 때 흄이 이용한 방식이다. 인류의 대다수가 더 오랜 시간 동안 경험한 것이, 소수의 사람들이 그 반대되는 것을 보았다고 주장하는 내용보다 그럴듯한 확률이 더 높다는 뜻이다. 이것은 논리적이지는 않지만 합리적인 원리다. 여기서 흄의 금언을 뽑아보자. **'합리'는 '논리'와 다르다.**

취향과 감정에 따른 추론

뭐니 뭐니 해도 이성의 한계에 대한 흄의 회의론이 근원까지 파고들어간다는 것만큼은 인정해야 한다. 어떤 믿음의 합리성을 검증하기 위해 할 수 있는 일은 많지만 결국 밑바닥까지 내려가서 의지할 수 있는 것은 자신의 판단뿐이다. 흄은 『인성론』에서 이 점을 가장 여실히 보여준다.

> 개연성 있는 모든 이성 추론은 일종의 감각, 즉 일종의 느낌에 불과하다. (…) 어떤 원칙을 확신한다는 것은 내가 강력하다고 느끼는 관념일 뿐이다. 특정한 주장에 다른 주장보다 우선권을 부여한다는 것, 즉 어떤 주장이 다른 주장보다 우월하다고 생각한다는 것은 그

예수회대학의 옛 모습(1695)

흄은 종교에 대해 늘 비판적이었지만, 예수회대학의 교정을 거닐며 수도사들과 즐겨 대화를 나누는 가운데 적지 않게 지적 자극을 받았다. 이는 그 자신의 논증을 검증할 수 있는 하나의 방법이기도 했다. 즉 자신과 견해가 다른 이들의 반론에 귀를 열어두고 최상의 합리성을 도출하고자 했던 것이다.

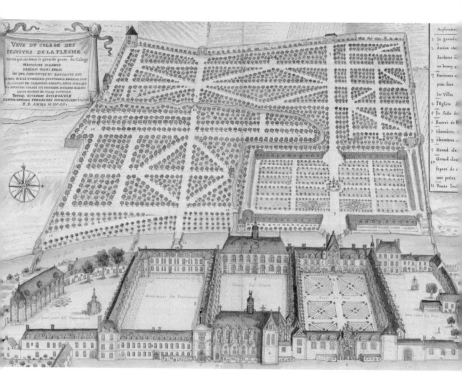

것이 우월한 영향력을 갖고 있다는 느낌을 갖는다는 뜻일 뿐이다.

— 데이비드 흄, 『인성론』 중

충격적인 선언이다. 이러한 주장이 궁극적으로 암시하는 것은 인간은 시와 음악을 감상할 때만이 아니라 철학적 사유를 할 때도 자신의 취향과 감정을 따른다고 말하는 셈이기 때문이다. 흄은 **검토를 거치지 않은** 취향과 감정을 따라야 한다고 말하는 것이 아니다. 그의 가장 중요한 논지는, 모든 이성 추론에서 특정 논증의 질을 판단하는 유일한 기준은 그 논증이 자신에게 강력하게 느껴지느냐 아니냐의 여부뿐이라는 것이다.

내 생각에 결국 흄은 좋은 이성 추론이 무엇인지에 관한 정확한 설명을 제시하고 있지는 않다. 이성 추론을 명료하고 포괄적으로 설명하는 일 자체가 애초부터 불가능하기 때문이다. 논리는 엄밀한 과정을 따르는 알고리듬의 성격을 띠고 있으나, 이성 추론 일반은 그렇지 않다. **좋은 이성 추론에 알고리듬은 없다.** 우리가 기댈 수 있는 것은 그저 자신의 판단뿐이다.

흄의 이러한 주장은 이성 추론에 구조나 질서가 아예 없다는 말이 아니다. 그는 "우리 시대의 웅변가들"을 비판했다. 웅변가들은 "가식 가득한 화려한 담론으로 모든 질서와 체계를 거부한다. 그러나 질서와 체계는 논증에 꼭 필요한 요건이다. 질서와 체계가 없으면 정신은 확신 자체를 산출해내지 못한다." 하지만 질서가 필요하다는 말은 공식이 필요하다는 말과 다르다.

음악에 대한 비유를 통해 이 문제를 들여다보자. 음표를 아무렇게나 조합한 것은 좋은 음악이 아니다. 좋은 음악이 되려면 리듬과 멜로디와 주제에 일정한 종류의 일관성이 있어야 하며, 곡은 음악적인 효력을 발생시키는 방식으로 진행되어야 한다. 그러나 첫마디부터 음악 전체를 산출하는 방법이라는 것은 없다. 음악 전체를 망라하는 원칙을 세우려 해보아야 늘 예외에 부딪히기 때문이다. 박자의 변화는 어떤 곡에서는 귀에 거슬리지만 다른 곡에서는 아름답게 들릴 수 있다. 논증도 마찬가지다. 좋은 논증의 전형적인 특징은 규정할 수 있지만, 어떤 논증이 통하고 통하지 않는지를 확정해주는 완벽한 규칙이란 없다.

특정 논증의 타당성을 알아보는 방법은 그것을 다른 논증들과 비교해 검증하는 것이다. 흄이 지식인들과의 우정을 중시하고 자신과 견해가 다른 사람들과의 대화도 귀하게 여겼던 것은 바로 이런 이유에서다. 라플레슈의 예수회대학 교정을 거닐면서 수도사들과 나눈 대화는 흄이 자신의 논증을 검증할 수 있는 한 가지 방법이었다. 논증의 타당성을 판단할 수 있는 절대적 기준은 없다. 최상의 논증은 그저 더 우월한 경쟁 상대를 찾지 못한 논증일 뿐이다.

이러한 견해는 최상의 합리성이란 개인의 내밀한 추론을 통해 얻을 수 있는 것이라는 지배적 통념을 근본적으로 반격한다. 가장 합리적으로 보이는 것을 판단하는 주체는 결국 우리 자신이지만, 이러한 판단에 도달하려면 다른 이들의 반론에 귀를 기울이면서 논쟁을 벌여야 한다. 뉴질랜드 철학자 아네트 바이어가 설명하듯이 합리성 개념은 "확장되어야" 한다. 이제 합리성은 "그것과 관련한 활동에서뿐만 아니라 그 활동을 판단하는 탁월함의 기준 둘 다의 측면에서 사회적 능력이자 역량으로 간주된다." 흄이 반이성주의자로 비친다면 그것은 이성이 실제 이상으로 더 강력하고 개인적인 것이라고 간주하기 때문이지 다른 이유는 없다.

많은 연구자들은 흄의 이성 개념이 너무 조잡하거나 허약하다고 생각한다. 흄 또한 이러한 정서를 아주 잘 알고 있었다. 그러나 흄이 당한 불행은 그가 이성을 너무도 탁월하게 작동시켰기 때문에 초래된 결과 그 이상도 이하도 아니다. 철학자들은 이성을 격상시키는 경향이 있다. 자기들 업의 도구인 이성이, 꽁지에 붙은 야심을 채우기에는 너무도 부실하다는 것을 인정할 의지가 있는 철학자가 과연 몇 있을까? 그러나 흄은 의심으로 가득 차 있다. 그는 철학의 힘뿐 아니라 철학의 도구인 이성을 행사하는 자신조차 믿지 못한다. "나 자신뿐만 아니라 인간 본성에 내재된 수많은 허약함 속에서 나는 도대체 어떤 확신으로 이성이라는 대담한 기획을 실행할 수 있는가? 세상을 지배하는 정립된 견해를 버리는 나는 진리를 따르고 있다고 확신할 수 있는가? 게다가 설사 마침내 행운이 나를 진리의 발길을 따르도록 안내한다손 치더라도 도대체 어떤 잣대로 나는 그 진리를 식별할 수 있을 것인가?"

진정한 야심을 지닌 철학자는 겸허함을 잃지 말아야 하며, 타인의 견해를 의심하는 만큼 자신 또한 의심할 의지가 있어야만 한다. 흄은 이렇게 말한다.

진정한 회의론자는 자신의 철학적 확신뿐만 아니라 철학적 의심까지도 의심해야 한다. 대신 자신의 의심과 확신을 의심하는 태도에서 비롯된 무고한 만족은 굳이 거부하지 않아도 좋다.

— 데이비드 흄, 『인성론』 중

철학의 확실성을 의심하게 되면 철학 자체가 대체로 타당성이 없다는 생각이 든다. 그러나 철학의 한계를 온전히 인식하면서 철학을 하지 않는다면 길은 두 가지뿐이다. 철학이라는 기획이 실제보다 더 탄탄하다고 가장하거나, 아예 다 포기해버리는 것이다. 결국 선택은 "거짓 이성과 아무것도 아닌 것 사이쯤에 있다."

흄에 따르면, 거짓 이성의 길은 부정직한 것이고, 아무것도 아닌 것을 택하는 것, 즉 다 포기하는 것은 불가능하다. "정교한 이성적 사유라는 것은 인정될 수 없다는 것을 철학의 일반 준칙으로" 삼을 수는 없다. 그러려면 "모든 과학과 철학을 완전히 차단해야 할" 것이고 오직 직감적 본능이나 상상이나 미신에 근거해서만 앞으로 나아가야 하기 때문이다. 그렇다고 철학적 문제에 대한 사유를 완전히 포기할 수도 없다. 일차원적인 욕구를 초월해 사유하고 질문하고 앎을 추구하는 것이 인간의 본성이기 때문이다. 흄의 눈에는 바로 이러한 여정이 철학이다. 그에게 철학이란 모든 문제를 증거에 기초하여 합리적으로 사유하는 것을 의미한다. 이러한 사유야말로 그 한계와 불완전함에도 불구하고 다른 어떤 것보다 탁월하다. 윈스턴 처칠의 말을 좀 바꾸어 표현하자면 하나의 금언이 될 수 있겠다. **이성은 이해를 위한 최악의 수단이지만 그동안 시도해왔던 다른 수단보다는 낫다.**[*]

앎의 원천은 무엇인가

라플레슈로 가기 전 내게 그곳은 모호하고 흐린 곳이었다. 포도밭과 수도원이 있는, 그저 전형적인 프랑스 마을 정도가 내가 그리던 모습이다. 하지만 라플레슈에 머무는 동안 그곳은 훨씬 더 생생한 공간으로 다가왔다. 지금은 브리스틀로 돌아와 있기 때문에 내게 남은 기억은 그곳에 가기 전에 생각했던 것보다는 생생하지만 그곳에 있을 때의 경험보다는 약하다. 인간 정신의 내용에 관한 이처럼 상식적인 관찰 내용은 『인성론』의 핵심 주장 중 하나의 기초가 되었다.

흄은 우리가 지각하는 모든 것을 "정신의 지각"이라 부른다. 그는 지각을 '인상'과 '관념'으로 구분한다. 이 두 가지를 구분하는 제일 자연스러운 방법은 인상을 직접적인 지각으로, 관념을 정신이 직접적 지각을 간접적으로 복제한 복제물이라고 생각하는 것이다.

인상과 관념의 차이를 '느낌'과 '생각' 간의 차이로 볼 수도 있지만, 흄은 그런 식으로 구분하지 않았다. 오히려 지각이 얼마나 생생하거나 선명한가, 즉 지각의 선명성 정도라고 생각했다. 인상은 "강하고 격렬한" 반면, 관념은 인상보다 희미하고 약하다. 지각의 선명성을 기준으로 본 것은, 흄이 지각의 정의를 그 지각을 초래한 대상이 아니라 지각 자체의 성질에서 끌어오고 싶어 했기 때문인 것 같

* 원래 처칠이 한 말은 "민주주의는 최악의 정부 형태이지만 그동안 시도했던 다른 정부 형태보다는 낫다"이다.

다. 이례적이지만 외부 세계의 대상뿐만 아니라 관념 또한 인상을 일으킬 수 있기 때문이다.

사실 흄은 공감을 정의할 때 바로 이러한 측면을 염두에 두었다. 그에 따르면 공감이란 "관념을 인상으로 바꾼 것"이다. 감정은 일종의 전염에 의해 퍼진다. "타인이 느끼는 감정이 일정 정도 우리 자신의 감정이 되지 않으면 그것은 우리에게 아무런 영향도 끼치지 못한다." 우리는 타인이 특정한 감정 상태에 있는 것을 지각하고, 그것에 대한 관념을 형성한다. 그리고 이 관념으로부터 타인이 느끼는 것과 유사한 감정이 생겨나는 것이다. 심지어 고독을 생각하는 것만으로도 고독감이 발생할 수 있다. 흄은 "어떤 감정이나 정념에 대한 관념이 생생해지면 곧바로 그 감정이나 정념이 될 수 있다"라고 말한다. 가령 시인이나 소설가는 슬픔에 대한 관념을 매우 강력하게 전달하기 때문에 독자는 그의 작품을 읽으면서 눈물을 흘린다. 슬픔이라는 관념이 슬픔이라는 감정을 일으키는 것이다. 이것이 가능한 이유는 감정이란 늘 안으로부터 발생하기 때문이고, "그런 이유 때문에 감정은 상상으로부터, 그리고 우리가 감정에 대해 형성하는 온갖 생생한 관념으로부터 더 자연스럽게 발생하는 것이다."

따라서 정신은 인상에서 유래한 관념으로 가득 차 있다. 정신이 서로 무관한 관념들로 뒤범벅이 되지 않으려면 정신은 이 관념들을 특정한 방식으로 조직해야 한다. 정신이 관념들을 조직하는 연합의 원리는 세 가지다. 시공간의 인접성, 유사성, 인과가 그것이다. 흄의 주장에 따르면, 이 세 가지 원리를 바탕으로 하지 않는 관념 간의 연

합은 없다.

많은 독자들은 『인성론』의 제1권인 「오성에 관하여」에서 관념과 인상에 대한 논의가 한도 끝도 없이 길어 보이는 탓에 이 책을 단념했을 것이다. 그렇다면 흄은 왜 그토록 많은 시간과 지면을 여기에 할애했던 것일까? 제일 명백한 답은 그가 관념과 인상에 대한 논의를 자신의 새로운 철학 체계의 기초로 간주했다는 것이다. 그는 본래 철학의 기반을 인간 본성에 대한 탐구에 두고 싶어 했다. 그러려면 인간이 관념을 어디서 얻는지 규명해야 했다. 흄은 모든 앎의 원천이 경험이라는 것을 보여주는 작업의 중요성이 매우 크다고 생각했던 것 같다.

앎의 원천이 경험임을 입증하는 일이 흄에게 그토록 중요했던 이유를 알기 위해서는 그가 철학 탐구를 해나가던 환경을 고려해야 한다. 그는 경험과 독립된 지식이 가능한지에 관한 논쟁이 지극히 뜨거웠던 전통 속에서 작업했다. 플라톤과 데카르트 같은 철학자들은 내재적 관념이 존재한다고 생각했다. 그들은 인간의 정신 속에 이미 존재하면서 발견되기만을 기다리는 관념, 경험을 통해 입증할 필요가 없는 관념이 있다고 믿었다.

데카르트가 보기에 내재적 관념의 존재에 관한 믿음은 신학적으로 중요했다. 신이라는 관념을 검토한 다음, 신이 완벽한 존재라는 관념이 필연적으로 신이 존재한다는 뜻임을 알기만 하면 신의 존재를 확신할 수 있다는 것이다. 이러한 사유 방식은 내재적 관념이라는 개념이 합리주의 사고방식의 일부라는 것을 보여주는 사례다. 이러한 사유에서는 생각과 추론만으로 실재의 성질을 알 수 있다.

흄은 경험주의를 옹호했기 때문에 내재적 관념을 멀리했다. 그는 최초의 경험주의자 중 한 명이자 갓 태어난 인간의 정신을 **빈 서판** tabula rasa에 비유했던 존 로크의 노선을 따랐다. 흄은 "이제 정신이 아무런 특징도 관념도 없는 이른바 텅 빈 종이라고 가정해보자. 이 정신은 어떻게 관념들을 갖추게 되는가? 정신은 분주하고 끝도 없는 인간의 상상이 다양한 색을 칠해대는 관념의 거대한 저장고를 어디서 얻는가? 도대체 어디서 정신은 이성과 지식의 모든 재료를 구하는가? 내 대답은 한마디다. 바로 **경험**이라는 것이다"라고 주장했다.

이 논쟁은 최근에 이르러 선천 대 후천 혹은 본성 대 양육 간의 대립으로 나타났다. 인간을 만드는 것은 유전자인가 아니면 삶의 경험인가? 그러나 저명한 과학자들은 이제 이 전투가 허위라는 것을 알고 있다. 인간을 형성하는 것은 둘 다. 하나 남은 진짜 논쟁은 둘 각각이 무엇을 얼마나 많이 일으키는가 하는 것이다.

인간의 정신이 얼마만큼이나 빈 서판인지에 관한 더 세부적인 질문 역시 양자택일의 논쟁은 아니게 된 지 오래다. 적어도 1912년부터 그러했다. 당시 버트런드 러셀은 『철학의 문제들』이라는 책을 출간했다. 그는 경험주의자와 합리주의자 간의 논쟁에 대해 이렇게 정리했다. 경험주의자의 입장은 모든 앎은 경험에서 온다는 것인 반면, 합리주의자들의 입장은 경험을 통하지 않고도 알 수 있는 내재적 관념이 있다는 것이다. 합리주의자들이 옳았던 지점은, 이성 추론이 일관된 것인지 아니면 모순된 것인지 말해주는 논리의 원칙들이 경험만으로는 입증 불가능하며, 그 이유는 모든 증거가 논리의 원칙을 전제로 하기 때문이라고 밝혔다는 점이다. 그러나 경험

경험주의 철학의 원조 존 로크(1632~1704)

흄은 인간 인식의 근원이 경험에 있다고 보았는데, 이는 갓 태어난 인간 정신을 아무 글자도 쓰여 있지 않은 빈 서판에 비유한 존 로크의 견해를 따른 것이다. 로크는 영국 경험주의의 교과서라 평가받는 『인간 오성론』을 통해 데카르트가 이야기하는 '타고난 관념'과 물체관에 정면으로 도전했다.

주의자들이 옳았던 지점은, 심지어 이러한 앎조차도 경험이 이끌어 내고 촉발하지 않으면 얻을 수 없다고 주장했다는 점이다. 경험이 없다면 논리 원칙은 결코 명료해질 수 없다. 따라서 러셀은 논리를 '내재적'이라고 부르기보다 제1원리에서 유래했다는 의미로 '선험적a priori'이라고 부르자고 제안했다. 내재성의 엄밀한 의미는 '타고난 것'이기 때문이다.

그러나 경험주의자들이 확실히 옳았던 또 한 가지 지점이 있다. 바로 경험의 도움을 받지 않으면 무엇이 되었건 그것이 **존재한다**는 것을 알 수 없다는 것이다.* 이것은 흄의 프로젝트에 정말 중요한 지점이다. 이 점이야말로 사실과 관념의 관계 간의 차이를 지탱하는 데 필요하다. 사실과 관념의 구분이 지탱되는 한 흄은 앎이 **죄다** 경험에서 유래한다고 고집할 필요가 없다. 그러나 흄은 내재적 관념에 대한 논쟁에 지나치게 골몰하여 이 점을 명확히 보지 못한 듯하다. 그는 자신의 경험주의가 성립하려면 내재적 관념을 모조리 거부해야 한다고 생각했고, 그래서 관념과 인상에 대한 자신의 이론이 우리가 알 수 있는 모든 것에 대한 설명임을 보여주는 데 지나치게 많은 시간을 쏟았다.

흄을 학문적으로 읽지 않는 독자들은 관념과 인상에 대한 그의 이론이 딱딱하고 지루하게 느껴질 수 있다. 그러나 이론의 세세한 사항에 발목을 잡히지 않는다면 그 진가를 알아보는 일은 그리 어

---

* 이 말은 우리가 직접적으로 경험하지 않는 것이 존재한다는 관념도 결국에는 누군가의 직접적인 경험에 대한 관념에서 유래하기 때문에 애초에 경험이 없으면 존재에 대한 앎이 불가능하다는 뜻이다.

렵지 않다. 흄의 금언은 다음과 같다. **경험과 경험의 재현이라는 세계는 우리가 알 수 있는 유일한 세계이므로 더 잘 알려 해야 한다.**

이제 흄이 왜 『인성론』을 가리켜 파란을 일으킬 수밖에 없는 혁명적 철학이라고 자신했는지 이해할 수 있다. 이 책을 쓰고 난 직후 그는 자신의 저작을 몹시 마음에 들어했고, "우아하고 말끔한 문체로 주장을 피력했기 때문에 세간의 이목을 끌 수 있을 것이다"라고 낙관하면서 프랑스를 떠났다. 그가 첫 저서 두 권에 붙인 타키투스의 경구는 그가 얼마나 성공을 낙관했는지 알 수 있게 해 준다. "자신이 원하는 대로 생각하고, 생각하는 것을 말할 수 있는 시대에 살고 있다니 얼마나 귀한 행운인가." 흄은 자신이 생각하고 믿는 것을 발표해도 자신의 시대가 그 급진적인 철학을 받아줄 만큼 성숙하다는 과감한 선언을 한 것이다.

아주 오랜 세월 동안 학자들은 흄 최고의 철학적 역작으로 라플레슈에서 집필한 저작을 꼽는다. 이러한 견해가 반론의 대상이 된 것은 최근의 일이다. 하지만 흄이 품었던 즉각적인 성공에 대한 희망이 퇴짜를 맞는 데는 그리 긴 시간이 걸리지 않았다.

『인성론』을 선보이다

어째서 우리 철학자들은 세상이 우리를 미워하듯 세상을 미워하지 못하는가?

— 데이비드 흄의 편지 중

『인성론』의 불행

1737년 9월, 영국으로 돌아온 흄이 처음 살았던 곳은 런던이었다. 하지만 그가 런던에서 생활한 기간은 18개월도 채 되지 않았다. 모스너에 따르면, 그 이유는 "흄이 런던 사람들이 지방민과 스코틀랜드인을 대하는 경멸 어린 태도 때문에 소외감을 느꼈고" "파리와 프랑스 심지어 에든버러의 코스모폴리턴적 기풍을 그리워했기 때문이었다."

그러나 런던 생활보다 더 흄을 실망시킨 것은 그의 『인성론』이 받은 푸대접이었다. 훗날 자서전에서 그는 "내 인생에서 시도했던 문필가의 이력 중 가장 불행한 결과물은 『인성론』이었다"라고 회고했다. 하지만 이것은 과장이다. 에든버러 한 잡지의 저자는 다음과 같이 말했다. "나는 『인성론』이 처음 출간된 직후 에든버러에 있었기 때문에 이 책이 문필가들의 대화에서 얼마나 자주 언급되었는지 생생히 기억하고 있다." 그렇지만 『인성론』은 파란을 불러일으키지는 못했고, 흄은 미지근한 반응에 적잖이 낙담했다.

그러나 흄은 문제가 되는 것은 표현 방식이지 사상 자체는 아니라고 확신했다. 이런 이유로 그는 그 후 여러 해 동안 『인간 오성 연구』와 『도덕 원리 연구』에서 『인성론』의 논지를 수정했다. 그는 『인성론』을 버렸고, 독자들에게도 후기 저작들만 참고해달라고 했다. 실제로 『인성론』은 그의 생전에 출간된 저서 모음집 어느 판에도 포함되지 않았다. 그러나 후세대는 이러한 판단을 뒤집었다. 학계의 정통 견해는 흄의 주저는 『인성론』이라는 것이다.

『인성론』의 진정한 불행은 그것이 묵살당했다는 점이 아니라 널리 오해되었다는 것이다. 영국의 철학자 토머스 리드는 『인성론』을 가리켜 뭐든 모조리 의심하려는 아주 부정적인 시도라며 깎아내림으로써 이 저작에 대한 대표적인 평판의 계기를 만든 인물이다. 그는 "『인성론』을 쓴 이 영리한 저자는 회의론 체계를 구축해놓았다. 그의 의심 체계는 그것이 반대하는 것은 아무것도 믿을 수 없도록 만들어놓는다"라고 평했고, 『인성론』의 의도가 "세상에는 인간 본성도 과학도 전혀 없다는 것을 보여주는 것"이라고 폄하했다.

『인성론』에 대한 이러한 해석은 그 후로도 오랫동안 사라지지 않았다. 가령 1815~1817년 판 『브리태니커 백과사전』에 나오는 항목에는 흄의 목적이 "보편적 회의론을 정립하는 것, 그리고 독자로 하여금 자신의 능력을 완전히 불신하게 만드는 것"이라고 쓰여 있다.

이 만연한 오해에 대해 흄은 자신이 인간의 이성을 묵살해버린 것이 아니라 현실화했다는 점을 분명히 밝혔다. 그는 한 편지에서 『인성론』에 표명한 회의론의 목적을 이렇게 말했다.

『인성론』에 대한 부정적 평판에 많은 영향을 끼친 토머스 리드(1710~1796)

라플레슈에서 3년을 보내고 영국 런던으로 간 흄은 1739년에 마침내 『인성론』의 제1권과 제2권을 출간했지만 "인쇄기에서 이미 사산되었다"라는 그 자신의 말처럼 냉담한 평가를 받고 말았다. 스코틀랜드 출신의 철학자로 상식학파를 창시한 토머스 리드는 『인성론』이 뭐든 모조리 의심하며 아무것도 믿을 수 없도록 만들어놓았다며 통렬하게 비판했다. 그는 흄의 견해가 자연이 인간 안에 심어놓은 상식의 원리에 반한다고 보았다. 『인성론』에 대한 이러한 이해는 그 후로도 오랫동안 지속되었다.

가장 명확해 보이는 원리들, 그리고 가장 강력한 자연의 본능 때문에 받아들일 수밖에 없다고 느끼는 원리들에 대해서조차 온전한 일관성과 절대적 확신을 얻을 수 없음을 입증함으로써 인간의 이성만이 전부라는 자들의 만용을 약화하는 것이다. 따라서 인간의 자연적 능력인 이성의 작용에 관한 회의론으로 얻는 결실은 중용과 겸허함이다. 내가 말하려는 것은 중용과 겸허함이지 무엇이건 의심하자는 것이 아니다. 아무거나 의심한다는 것은 어떤 인간도 받아들일 수 없는 것이며, 중요하건 하찮건 살면서 겪는 사건들을 안다면 무엇이건 의심하는 것이 불가능하다는 점을 알 수 있다.

— 데이비드 흄의 편지 중

이러한 논란은 『인성론』이 "인쇄기에서 이미 사산되었다"라는 흄의 주장이 과녁을 빗나간 판단이었음을 보여준다. 가장 논란이 될 종교 관련 장들을 삭제한 흄의 결정을 보면 그의 말이 사실이 아니라는 것이 여실히 드러난다. 하지만 문제가 될 소지가 있는 내용을 삭제했음에도 불구하고 흄은 『인성론』으로 인해 위험한 사상가로 악명을 떨치게 되었다. 1745년에는 충분한 능력이 있는데도 불구하고 에든버러대학교의 윤리학 및 철학 교수 임용에서 탈락했다. 1751년 글래스고대학교의 논리학 교수 자리 역시 얻지 못했다. 그러나 흄이 교수직을 얻지 못한 것은 꼭 불행이 아니었을 수도 있다. 대학 교육에 대한 흄 자신의 경험이 부정적이었기 때문에 임용이 되었다 해도 교수 일과 거기 수반되는 여러 업무를 좋아했을지는 미지수다.

자유의지는 없다

흄의 발자취를 쫓는 동안 나는 그가 걸어갔던 길이 얼마나 우연으로 점철되어 있었는지 새삼 놀랐다. 이곳에서 방향이 바뀌었다면 쉬웠을 법한 그의 길은 걸핏하면 하필 다른 곳에서 방향이 바뀌고는 했다. 흄이 두 곳의 대학에서 교수직을 얻지 못한 것은 꼭 일어나야 할 일은 아니었다. 두 대학 중 한 곳에서라도 교수가 되었다면 그의 삶은 어떻게 달라졌을까? 브리스틀에서 마음이 더 맞는 상인을 찾아 계속 장사를 했다면? 『인성론』이 더 우호적인 평가를 받았더라면? 흄에게 다가올 운명에는 이렇듯 선택의 갈림길이 훨씬 더 많았다.

흄의 인생을 생각하다 보면 인생에서 우연이 차지하는 역할을 곰곰이 생각해보게 된다. 누구나 자신의 삶을 곱씹어보는 사람이라면 인생의 수많은 중요한 변화가 순전한 우연의 산물이라는 것을 깨닫게 된다. 그러나 흄이 철학에서 우연 문제를 다룰 때는 그것을 거부하기 위함일 뿐이었다. 『자연종교에 관한 대화』에서 필로(흄의 대리인)라는 가공의 인물은 이렇게 말한다. "회의론이건 종교건 어떤 가설에 관해서도 우연이 차지할 자리는 없다." 책에 등장하는 다른 인물인 데미아 또한 "**우연**은 무의미한 말이다"라고 말한다. 흄은 『인성론』에서 이렇게 말했다.

우연이나 운은 우리의 앎이 불완전하기 때문에 나오는 판단일 뿐 물(대상) 자체에는 존재하지 않는다. 만물은 그것이 똑같이 일정하거나 확실해 보이지 않는다 해도 실은 필연적이라는 점에서 모두 같다.

— 데이비드 흄, 『인성론』 중

그러나 우연에 원인 없는 결과라는 의미만 있는 것은 아니다. 우연에는 '운'이나 '행운'이라는 의미도 있다. 우연을 이런 뜻으로 말할 때 우리는 모든 것이 인과라는 필연적 법칙의 결과라고 늘 생각하지는 않는다. 오히려 우리는 자신에게 일어나는 일이 나의 통제를 벗어난 요인, 내 삶이 어떻게 펼쳐질지 아무런 이해관계도 없는 요인들 때문은 아닌지 생각한다. 가령 우리는 쓰나미를 만나면 불운이 닥쳤다고 생각한다. 설사 쓰나미가 지질학적 작용의 불가피한 결과이고 우리가 쓰나미가 닥치는 곳에 늘 갔다 해도 말이다. 이 쓰나미를 두고 불운이라고 말하는 이유는 우리가 했던 어떤 일도 쓰나미를 만난 사건에 영향을 끼치지 않았기 때문이다.

흄은 원인 없는 결과라는 의미의 우연은 불신했지만, 운이라는 의미의 우연은 분명 믿었고 여러 글에서 이를 잠깐씩 언급했다. 그중 가장 주목할 만한 점은, 물질적 부는 대부분 능력보다는 운 덕분이라는 것, 즉 큰 부는 행운에 달려 있다고 본 것이다.

우연에 대한 그의 두 가지 생각은 상반되어 보이지만 사실은 밀접하게 연계되어 있다. 우리가 자기 운명을 온전히 통제하지 못하거나 자신의 성공이나 실패에 온전히 책임을 지지 못하는 이유는 세계가 인과의 원리를 따라 가차 없이 진행되기 때문이다. **우주가 우연이 아니라 법칙의 지배를 받는다고 믿는다는 것은 일상의 삶에 우**

연이 실재한다는 것을 더 강하게 믿는다는 뜻이다. 이로써 우리는 또 한 번 흄의 핵심적인 미덕인 중용의 문제로 되돌아가게 된다.

이 시절 흄은 교수가 될 기회를 놓쳤지만 장기적으로 그 일은 그에게 전혀 해가 되지 않았고 오히려 더 큰 이득을 주었던 것 같다. 그는 늘 생각의 자유를 중시했는데, 만일 대학에 자리를 잡았더라면 교수직이 요구하는 공식적 의무뿐 아니라 체제에 순응해야 할 비공식적 의무 때문에 자유를 제대로 지키지 못했을 것이다. 그러나 다른 한편으로 그는 대학에서 일하고 싶은 유혹 또한 느꼈다. 교수직은 안정적인 수입, 질 좋은 도서관을 쉽게 이용할 수 있다는 점, 그리고 기성 학계의 인정을 기대할 수 있기 때문이다. 흄은 학계의 인정이 무가치하다고 일축했지만, 스코틀랜드 변호사협회 도서관의 사서라는 좀 더 소박한 일자리를 얻게 되었을 때 친구에게 보내는 편지에서 "아무래도 난 허영과 자만으로 기뻐할 준비가 되어 있었던 모양이야"라고 쓴 것을 보면 한편으로는 그것을 원했을 법하다.

대학교수직에는 이렇듯 장단점이 있었고, 그 균형추가 어디로 기울었는지 판단하기는 쉽지 않았을 것이다. 하지만 흄은 결정할 필요가 없었다. 우연, 즉 그가 통제할 수 없는 사건, 그의 능력이 결정하는 권한 밖에 있는 우연이라는 녀석 때문에 흄은 강단에 의지하지 않고 재야 학자의 길을 걸었던 것이다.

인생에서 우연이 중요한 역할을 한다면, 즉 자신의 선택으로 이루어지는 일이 거의 없다면, 도대체 긍지 혹은 수치를 느껴야 할 권리는 어디에서 오는 것일까? 이쯤에서 우리는 자유의지라는 영원한 논란거리를 만나게 된다. 흄이 자유의지라는 문제를 다루었던

흄이 일했던 스코틀랜드 변호사협회 도서관

『인성론』으로 인해 위험한 사상가로 낙인찍힌 흄은 에든버러대학교와 글래스고대학교의 교
수 임용에서 무신론자라는 이유로 고배를 마셨다. 학계로 나가는 길이 막힌 그는 마흔한 살
에 스코틀랜드 변호사협회 도서관의 사서로 채용되었다. 보수는 거의 없었지만 고상한 직책
이었다. 거대한 장서를 거느린 이 도서관에서 흄은 『영국사』 집필 계획을 세웠다. 이렇듯 그는
그 자신이 통제할 수 없는 우연이라는 녀석 때문이 재야 학자의 길을 걷게 되었다.

방식은 발본적이고 회의적이다. 광범위하게 보면 그는 오늘날 서양의 철학자들 사이에서 여전히 가장 큰 인기를 끄는 입장의 대변자였다.

흄에게 인간은 다른 만물처럼 자연의 일부다. 따라서 인간의 행동은 다른 만물과 동일한 인과법칙의 지배를 받는다. 하지만 인간에게는 자유의지가 있어 사전 원인에 의해 결정되지 않은 선택을 할 수 있다고 흔히 생각한다. 따라서 인간의 선택은 원인이지 결과가 아니다. 정말 그렇다면 인간의 선택은 우주 만물 중에서 아주 독특한 위치를 차지하게 된다. 흄은 이러한 관점에 대해서 "어떤 원인은 필연적이고, 또 어떤 원인은 필연적이지 않은 것처럼 주장한다"라고 말한다.

흄이 보기에 이러한 논리 때문에 자유로운 선택은 기적과 같은 것이 된다. 여기서 기적이란 인과법칙의 예외다. 앞에서 살펴본 바대로 흄은 기적을 믿지 않았고, 인간의 행동도 자연의 다른 만물처럼 사전 원인에 의해 결정된다고 생각했다.

이런 주장에 대한 근거로 흄이 제시하는 것은 인간의 일상적 행동이 자연의 규칙만큼 인간 행동의 규칙성에도 기대고 있다는 점이다. 그가 드는 극적인 사례는 한 죄수의 이야기다. "죄수는 교도관의 힘이 감방의 벽과 쇠창살만큼이나 자신의 탈출에 장애가 되리라는 것을 알고 있다. 그는 탈출 시도를 한다 해도 교도관의 지독한 성질을 뚫고 나가느니 차라리 돌과 쇠창살을 뚫고 탈출하는 편이 쉬우리라 생각한다." 여기서 죄수는 감방 건물 못지않게 타인의 행동에서도 필연성을 느낀다. 따라서 "죄수는 교수대로 향할 때 칼이나 바퀴 못지않게 사형 집행자들의 불변성과 충실성에서 자신의 죽음을 예감할 수 있다."

물론 우리는 인간 행동의 특정 규칙성에 의지해 살아간다. 그러나 사람들은 이러한 규칙성이 자연의 작용처럼 완전히 기계적인 것이라고는 생각하지 않는다. 인간이 식물이나 동물이 보이는 규칙성과 동일한 방식으로 행동하는 듯 보이지는 않기 때문이다. 그러나 흄은 인간 행동을 결정하는 요소가 더 복잡해서 자연의 요소들보다 예측하기 더 어렵기 때문일 뿐, 인간 행동이 사전 원인에 의해 결정되지 않는다는 뜻은 아니라고 주장한다. 예상하지 않은 행동에 원인이 없는 것처럼 보인다면 그것은 그 원인이 눈에 덜 띄기 때문일 뿐이다. 만일 상황 전체를 더 잘 파악할 수 있다면 그 상황이 일으킨 결과를 쉽게 알 수 있다. "가장 불규칙하고 예측 불가능한 인간의 결정도 그들의 성격과 상황의 구체적 정황을 모조리 알고 있는 사람들에 의해 설명 가능하다."

하지만 대부분의 사람들은 자신에게 자유의지가 있다고 실제로 믿는다. 그들은 자신의 선택과 행동이 사전 원인이 아니라 자유의지에서 비롯된다고 생각한다. 왜 그토록 많은 사람들은 흄이 "터무니없고 이해할 수 없다"라고 말한 "자유의지라는 교리"를 믿는 것일까?

한 가지 이유는 인간은 자신이 "필연성의 지배를 받는다는 것, 그리고 특정한 방식이 아닌 다른 방식으로 행동하는 것이 완전히 불가능하다는 것"을 믿지 못하기 때문이다. 필연성이라는 관념은 "강제력과 폭력과 제약을 뜻하는" 것처럼 보인다. 사람들은 이러한 강제력을 전혀 실감하지 못하기 때문에 자신의 행동이 필연적이 아니라 자유의지의 소산이라고 여긴다. 우리는 자기 행동의 숨은 원인을 인식하지 못한 채 그 유일한 원인이 그 행동을 하려는 의지라고 느낀다. 흄은 말한다.

> 의지라는 말의 의미는, 우리가 의도적으로 몸을 다르게 움직이거나 뭔가를 새로 지각한다고 할 때 우리가 느끼고 의식하는 내적인 인상 그 이상은 아니다.
>
> — 데이비드 흄, 『인성론』 중

흄은 자유의지에 관한 우리의 무분별한 생각의 원인 중 하나가 "자발적 자유"와 "무차별적 자유"를 구분하지 못하기 때문이라고 지적했다. 자발적 자유는 행위자가 강요 없이 행동할 수 있는 능력이다. 반면 무차별적 자유는 인과의 필연성에서 벗어나 행동할 수 있는 능력이다. 무차별적 자유는 불가능하다. 인간이 실제로 가지고 있는 유일한 자유는 자발적 자유뿐이다. 진정한 의미의 유일한 자유는 "의지의 결정에 따라 행동하거나 행동하지 않을 힘이다. 가령 내가 움직이지 않은 채 계속 있기로 결정한다면 움직이지 않을 수 있고 움직이고자 하면 또 그렇게 할 수 있다. 죄수거나 사슬에 묶여 있는 사람이 아니라면 이러한 자유는 보편적으로 모든 이에게 허용된다."

자유와 필연의 화해

인간의 자유에 대한 이러한 견해에 흔히 제기되는 반론은 그것이 도덕성을 위협하는 것으로 비친다는 것이다. 인간이 자기 행동의 최종 원인이 아니라면 어떻게 행동에 책임을 진다는 말인가? 하지만 흄이 보기에 도덕성에 대한 위협은 오직 종교적 도덕에 대해서만 제기된다. 천국의 보상과 지옥의 형벌을 타당한 것으로 만들기 위해 절대적 책임이 필요했던 종교야말로 자유의지라는 거짓 교리가 그토록 팽배했던 이유 중 하나다. 흄은 "어떤 가설이 종교와 도덕에 위험한 결과를 가져온다는 구실로 그것을 반박하려는 시도야말로 철학 논쟁에서 가장 흔하면서도 비난받아 마땅한 추론 방법이다"라고 비판했다.

> 터무니없는 부조리로 이어지는 의견은 무엇이건 거짓이다. 하지만 위험한 결과를 초래한다는 이유로 그 의견을 틀렸다고 확실히 말할 수는 없다.
>
> — 데이비드 흄, 『인성론』 중

하지만 인간이 다른 행동을 하는 것이 전혀 불가능하다면 자신의 행동에 어떻게 책임을 질 수 있느냐며 항변하기는 종교를 믿지 않는 이들도 마찬가지다. 흄은 이러한 반론을 근본부터 뒤집어놓는다. 그는 인간이 도덕적 책임이라는 관념을 가질 수 있는 것은 오직 "동기가 규칙적이고 일관된 영향력을 정신에 끼치기" 때문이라고 주장한다. "특정한 성격이 특정한 감정을 만들어낼 확고하면서도 결정적인 힘이 전혀 없다면, 그리고 이러한 감정이 행동에 끊임없이 작용하지 않는다면 도덕의 기반은 도대체 어디 있다는 말인가?"

이 주장을 입증하는 가장 좋은 방법은 거꾸로 생각해보는 것이다. 가령 어떤 사람이 하는 행동이 그의 성격에서 나온 안정적 원인의 결과가 아닌 경우를 생각해보자. 사람들의 행동이 변덕스럽고 임의적일 때, 우리는 그들이 미쳤다고 생각하지 자유의지가 있다고는 생각하지 않는다. 이런 사람들의 행동은 "현명한 사람들의 행동보다 규칙적이거나 일관되지 않기 때문에 이들의 행동은 필연성과는 거리가 멀다."

흄은 『도덕 원리 연구』의 한 단락에서 이 문제를 명료하고 설득력 있게 설명한다.

행동이란 원래부터 일시적이다. 어떤 행동이 행위자의 성격과 기질 속에 존재하는 원인으로부터 나온 것이 아닌 경우, 그것은 선한 것이라 해도 그의 명예를 드높이지 않으며, 악한 것이라 해도 그의 명예를 훼손하지 않는다. 행동 자체는 비난할 만하다. 행동은 도덕과 종교의 규칙에 위배될 수 있다. 그러나 행동을 한 사람은 그 행동에 책임이 없다. 그리고 그러한 행동은 행위자 내의 지속적이고 항구적인 원인에서 유래한 것이 아니고 그 후에도 항구적이고 지속적인 것을 아무것도 남기지 않기 때문에 그 행동으로 인해 행위자가 형벌이나 복수의 대상이 되는 것은 불가능하다.

― 데이비드 흄, 『도덕 원리 연구』 중

흄은 계속해서 "행동은 도덕적 감정의 대상이다. 행동은 우리의 내적 성격, 정념, 애정을 보여주기 때문이다. 행동이 이러한 원리가 아니라 외부의 폭력으로만 유래한다면 그것은 칭찬이나 비난의 대상이 되지 못한다"라고 말한다.

자유의지에 대한 흄의 회의론은 두 가지 방식으로 읽을 수 있다. 첫째는 그가 자유의지라는 관념을 완전히 무너뜨리고 있다는 것이다. 『인성론』에서 자유의지를 무너뜨리는 흄의 임무는 그가 "근거 없는 망상 속 자유 체계"를 강도 높게 비난할 때 더욱 뚜렷이 드러난다. 하지만 『인성론』의 주장을 수정했던 『인간 오성 연구』에서 흄은 자유의지에 관한 자신의 철학을 자유와 필연의 "화해 프로젝트"라고 표현했다. 그는 여기서 무차별적 자유에 대한 잘못된 믿음 없이도 자유의지라는 관념으로부터 우리가 원하고 필요로 하는 모든 것을 가질 수 있음을 보여준다. 이러한 접근법은 결정론과 자유의지가 함께 양립할 수 있다는 것으로, 오늘날 영어권 철학자들이 자유의지에 대해 가지고 있는 가장 명망 높은 입장으로 남아 있다.

진보와 보수 사이에서

1739년 2월, 흄은 런던을 떠나 스코틀랜드의 나인웰스로 돌아와 살았다. 이 시절 흄은 부유하거나 가난하지도 않았고 크게 유명하지는 않았지만 그렇다고 무명의 문필가도 아니었다. 3년 뒤에 발표한 「중용의 삶」이라는 평론은 제목이 암시하듯 그가 이러한 삶에 꽤 만족했음을 보여준다.

> 부유한 자들은 쾌락에 지나치게 탐닉하고, 가난한 자들은 양식을
> 얻는 데 지나치게 골몰하여 이성의 고요한 목소리에 귀를 기울이
> 지 못한다.
>
> ─ 데이비드 흄, 「중용의 삶」 중

하지만 이 시절 흄은 여전히 야심만만한 젊은이였다. 『인성론』이
예상만큼 성공을 거두지 못하면서 그는 평론이라는 형식의 글을 시
도했다. 평론은 간결성과 명확성이 더 요구되었는데, 흄은 이런 글
쓰기를 꽤 즐겼던 것 같다. 그는 평론을 통해 비로소 문필가로서 첫
성공을 거두었다. 그 글들은 1741년과 1752년에 『도덕, 정치, 문학
에 관한 평론』이라는 제목으로 출간하여 호평을 받았다.

흄은 이후 12년 동안 대부분의 시간을 나인웰스에서 보냈다.
1745년 봄에서 1749년 봄 사이 기이한 일에 종사했던 시간을 제외
하면 말이다. 그는 젊은 애넌데일 후작의 가정교사 노릇을 잠깐 했
는데, 후작이 제정신이 아닐뿐더러 집안 전체가 제대로 굴러가지
않는다는 것을 알았다. 이에 사촌뻘인 제임스 세인트 클레어 장군
의 초청으로 퀘벡으로 가는 군대의 원정길에 그의 비서로 동행하게
되면서 후작에게서 벗어났다. 이 원정이 분명 죽음이나 살인과 무
관하지 않았으리라는 점을 생각하면 흄처럼 생을 즐기는 사람이 이
원정을 "낭만적인 모험"이라고 생각했다는 것은 참 기이한 일이다.

그러나 원정은 가혹한 바닷바람으로 결국 취소되었다. 대신 세인

나인웰스

『인성론』의 실패로 낙담한 흄은 런던을 떠나 소년 시절을 보낸 나인웰스로 돌아와 12년 동안 살았다. 중간에 애넌데일 후작의 가정교사 노릇을 하다가 군대 원정길에 동행했던 일을 제외하면 말이다. 나인웰스 시절 그는 평론이라는 형식을 글을 시도하여 문필가로서 첫 성공을 거두며 실패의 기억을 털어냈다. 또한 『인성론』의 제1권을 수정하여 『인간 오성 연구』라는 제목으로 출간했다.

트 클레어 장군은 기왕 모아놓은 인력과 자원을 써먹겠다는 생각으로 뚜렷한 전략이나 목표도 없이 "프랑스인들을 괴롭히겠다는 계획만 가지고 프랑스 해안으로 향했다. 배 안에는 프랑스 지도조차 하나도 없는 지경이었다. 프랑스에 대한 무지와 군대의 무능함은 결국 20여 명의 사상과 부상이라는 손실을 안고 퇴각하는 것으로 끝났다.

그러나 흄은 프랑스 로리앙 공격의 무능함을 개탄했을 뿐 공격 자체의 타당성은 전혀 의심하지 않았다. 오늘날의 눈으로 보면 의미도 타당성도 전혀 없어 보이는 공격을 흄은 정당하다고 평가한 것이다. 그는 세인트 클레어 장군을 전혀 비난하지 않았다.

흄이 장군의 군대를 따라갔던 이 기간의 일은 그가 천재였음에도 불구하고 역시 자기 시대의 한계를 벗어나지 못한 인물이었음을 말해준다. 그는 예리한 철학적 회의론을 개진했지만, 당시의 사회적 관습을 비판하는 일에는 예봉을 들이대지 못했다. 당시 프랑스와의 전쟁은 영국인들의 일상사였고, 신사라면 누구나 원정대 내의 자리를 아무런 의심 없이 받아들였다. **눈이 아무리 좋아도 사각지대는 있는 법이다. 아무리 시야가 넓어도 모든 곳에 초점을 맞출 수는 없기 때문이다.**

우리가 흄을 높이 평가하는 이유는 그의 정직하고 명료한 지성 때문이다. 따라서 그의 엄정한 지성은 그의 견해뿐만 아니라 인격에도 적용해야 한다. 그러나 그에게 열광하는 현대인들은 이러한 적용을 불편해한다. 그는 특히 진보적인 정치관을 가지고 있는 학자들에게 인기가 있다. 하지만 그가 자신의 시대를 앞서가는 진보적인 지식인이었음에도 불구하고 정치적인 문제 앞에서는 보수적인 경향을 보였다는 것을 우리는 여러 증거를 통해 알 수 있다.

흄이 보통 사람들의 손에 권력을 넘기는 민주주의의 지혜에 종종 회의론을 표명했던 점을 생각하면 보수주의자라는 평가는 그와 잘 어울린다. 그는 애덤 스미스에게 보내는 편지에 이렇게 말한 적이 있다. "민중을 승인하는 짓이야말로 가장 거짓된 생각이야." 한때 "국민의 동의"야말로 정부를 세우기 위한 "최상의, 가장 신성한 기초임에 틀림없다"라고 기술했음에도 불구하고 그는 국민의 동의란 국민에 의한 통치와는 전혀 다르다고 생각했다. 국민은 발언권이 가져야 하지만 늘 그들의 마음대로 해서는 안 된다. 흄은 "의회 없는 국민은 지혜롭지 못하고, 국민 없는 의회는 정직하지 못하다"라고 주장했다.

흄은 공화정에도 찬성하지 않았다. 공화정은 작은 국가에만 적합한 체제이기 때문에 영국 같은 국가에서는 "무정부상태와 그 직후의 폭정만 초래한다"라고 본 것이다. 영국 정부에 관한 평론에서 흄은 군주정에 대한 지지를 분명히 밝혔다. 그는 "이 시점에서 나는 솔직하게 단언한다. 자유는 거의 모든 측면에서 노예제보다 선호할 만한 것이나, 이 섬나라에서는 공화정을 보느니 차라리 절대군주제를 보는 편이 낫다"라고 썼다.

흄의 삶과 저작에서 진보적 측면을 찾는 데 열중하는 사람들은 그가 미국 독립을 지지했다는 사실에 중점을 둘 것이다. 그러나 흄의 전기를 쓴 제임스 해리스는 이 또한 전폭적인 지지는 아니었다고 밝혔다. 흄이 미국 독립을 지지한 근거는 자결권보다는 현실적인 것이었다. 식민지인들의 뜻을 거스르면서까지 아메리카를 식민지로 유지하는 것은 군사적으로나 경제적으로, 특히 두 나라를 갈라놓는 거대한 바다를 생각하면 현실성이 떨어진다는 것이다.

그렇다 해도 흄의 보수주의는 맹목적인 편견의 산물만은 아니었고 나름 합리적인 철학적 토대를 가지고 있었다. 우선 그는 추상적인 일반 원칙을 도출하여 그것을 적용함으로써 최상의 무엇인가를 산출할 수 있는 인간의 능력을 믿지 않는 에드먼드 버크의 비관론에 동조했다. 개혁가들은 자신이 최상의 것을 알아보고 그것을 실천으로 옮길 수 있는 방법을 알고 있다고 지나치게 자신하는 경향이 있었다. 그러나 흄은 "세상은 미숙해서 정치에 관한 진실을 고칠 수 없고, 먼 후대 역시 마찬가지일 것이며, (…) 미덕이건 악덕이건 인간의 본성을 얼마나 개선할 수 있는지, 교육이나 관습이나 원칙에 있어 혁명으로부터 인류에게서 기대할 수 있는 것이 무엇인지 온전히 알려져 있지 않다"라며 의심하는 태도를 견지했다.

흄이 버크식의 보수적 시각을 가장 노골적으로 드러낸 것은 「완벽한 공화국에 관한 견해」라는 평론에서였다. 그는 완벽한 공화국이라는 관념을 경계했다. 그 논지는 다음과 같다.

기존의 정부는 이미 확립되어 있다는 사실만으로도 무한한 이점이 있다. 따라서 기존 정부를 함부로 변경하거나 가정에 근거한 주장과 철학을 근거로 실험을 시도하는 것은 결코 현명한 일이 아니다. 현명한 개혁가라면 한 시대의 상징성을 가지고 있는 정부에 존경심을 품고 있어야 하며, 공공의 선을 위해 개선을 시도한다 해도 혁

민주주의에 회의적이었던 흄

이성의 권력화에 대해 시종 비판적이었던 점에서 흄은 현대의 탈근대적 사유의 선구라고 불러도 좋을 것이다. 그는 분명 자기 시대를 앞서가는 지식인이었음에도 불구하고 정치적인 문제에서는 개혁보다 안정을 택하는 보수주의자였다. 가령 지나친 민주주의는 법을 위협한다고 본 것이라든지, 영국 같은 나라에서는 공화정보다는 차라리 절대군주제가 낫다고 한 것이 그런 예다.

중용과 절제를 몰라 추락하는 이카로스

모든 종류의 극단을 피하고 중용을 견지하는 흄의 사유는 그리스신화에 나오는 이카로스의 이야기를 떠올리게 한다. 미노스 왕에 의해 미로 동굴에 갇혔던 이카로스와 그의 아버지 다이달로스는 동굴에서 탈출하여 깃털과 밀랍으로 만든 날개를 달고서 하늘을 비행한다. 그러나 비행 전 아버지의 신신당부에도 불구하고 과욕을 부려 태양 가까이에 갔던 이카로스는 밀랍이 녹는 바람에 결국 에게해에 추락하여 죽고 만다. 이 그림은 바로크 시대 플랑드르의 화가 페테르 파울 루벤스가 1636년에 그린 〈이카로스의 추락〉이라는 작품이다.

신의 내용을 가능한 한 옛 틀에 맞게 조정하고 전체의 주요 기둥은 유지함으로써 건물을 지탱할 수 있도록 하는 법이다.

— 데이비드 흄, 「완벽한 공화국에 관한 견해」 중

흄의 보수적인 정치관은 법규야말로 평화와 안정에 필수적인 원천이라는 강력한 신념과 연관이 깊다. 아리스토텔레스처럼 흄 또한 지나친 민주주의는 법을 위협한다고 생각했다. 민주주의는 기존의 모든 법을 갈기갈기 찢어버리고 새로 선출된 다수의 정부에 이른바 "국민의 의지", 실제로는 기껏해야 다수 국민의 의지일 뿐인 것을 실행할 권한을 부여하기 때문이다. 흄은 개혁보다는 안정을 택하는 경향이 있었던 셈이다.

흄은 또한 자유가 완전무결한 선이 아니므로 권위에 의지하는 법률과 자유가 균형을 이루어야 한다고 보았다. 따라서 "모든 정부에서는 공개적으로건 아니건 권위와 자유 간의 투쟁이 영구적으로 벌어지며, 둘 중 무엇도 절대적인 우위를 점할 수 없다. 어떤 정부에서건 자유를 크게 희생하는 일은 반드시 벌어진다. 그러나 자유를 제한하는 권위는 어떤 정치체제에서건 통제 불능이 될 정도로 커질 수 없고 그래서도 안 된다. (…) 자유는 시민 사회의 완성이기 때문이다. 그렇다 해도 권위는 여전히 자유의 존재에 필수적인 것으로 인정받아야 한다."

흄이 제시하는 정치 분석의 약점은 철학 추론의 강점과 깊은 연관성이 있다. 흄은 중용을 견지하는 사유를 하는 편이었기 때문에 타인들 또한 중용을 지켜야 한다고 생각했다.

새로운 가설이라면 무엇이건 꼼꼼하게 살피고 선뜻 받아들이기를 망설이는 자질은 철학자의 큰 미덕이며 진리를 살피는 데 꼭 필요하므로 준수할 가치가 충분히 있다. 따라서 중용을 충족시키는 주장은 내놓아도 되지만 추론를 하면서 중용의 미덕을 막는 반론은 무엇이건 제거해야 한다.

— 데이비드 흄, 『인성론』 중

 이러한 종류의 철학적 기질은 극단을 피하게 한다. "이편에서는 이러한 점, 저편에서는 저러한 점을" 보기 때문에 결국 중도적 입장에 서게 되는 것이다. 우리는 흄의 삶에서 다음과 같은 금언을 길어 올릴 수 있다. **중용 또한 중용으로 다스려야 한다. 즉 중용 또한 지나침이 있어서는 안 된다.** 중용에 익숙해지다 보면 중용이 미덕이 아니라 해악이 되는 상황을 놓칠 수 있다. 중용을 맹신하는 것은 현 상태를 유지하려는 태도를 심화시키고, 급진적이고 근본적인 개혁을 지나치게 의심하는 태도를 낳는다. 그리하여 급진적 개혁을 의심한다는 것이 그러한 개혁에 늘 유죄를 선고한다는 뜻은 아니라는 점을 망각하는 지경에 이르게 된다. 「정부의 제1원리에 관하여」라는 평론에서 흄은 "위험한 개혁을 향한 열정을 부추기는 대신 가능한 한 기존 정부를 소중히 여기면서 개선해 나아가야 한다"라는 결론을 내렸다. 그러나 "가능한 한"이라는 표현으로 충분하지 않을 때는 새로운 방안을 그것이 위험을 수반한다는 이유로 기각하지 말고 고려해야 한다. 보수주의자들은 **현 상태의 특정 해악이 때로는 개혁의 위험보다 더 생생한 현실**이라는 것을 잊는 경향이 있다.

자아는 없다

군사 원정을 따라갔던 이후 세인트 클레어 장군에 대한 흄의 애정이 약해진 것은 아닌 듯하다. 1747년에 또 한 번 그를 따라 원정에 나섰으니 말이다. 이번에는 전쟁과 무관한 임무로 빈과 토리노로 가는 여정이었다. 이 무렵 흄은 여생 내내 지속될 체격이 되었다. "배가 너무 나와버렸다. 배가 나왔다는 것은 모자의 방울술이나 파우더 따위로 가릴 수 있는 백발과는 다른 결함이다." 수입 또한 늘어서 크게 부유하지는 않아도 그가 늘 갈망했던 안정과 자유를 누릴 만큼은 넉넉해졌다.

살집이 넉넉한 흄의 새 자아는 그가 변하고 있다는 가장 뚜렷한 징후였다. 물론 모든 사람은 살아가는 와중에 변한다. 하지만 변화를 겪으면서도 우리는 대개 자신이 전과 같은 사람이라고 생각한다. 어떻게 이것이 가능할까? 자아 동일성에 대한 질문 역시 흄이 고민했던 문제였다.

먼저 자아에 관한 상식적 통념을 살펴보자. 흄의 발자취를 따라가는 나의 여정은 명백히 단 한 사람의 생애와 사유를 추적하는 것이다. 흄은 에든버러에서 브리스틀, 라플레슈, 영국, 파리를 거쳐 마침내 에든버러로 돌아와서도 본질적으로 동일한 인간이었다. 어떤 의미에서 논란의 여지가 없는 사실이다. 그는 한 사람이 평생 동일한 존재라는 생각을 아무 문제 없이 받아들였다. 그의 자서전 『나의 생애』가 말이 되려면 흄이 실제로 살았던 생애 전체가 존재해야 한다. 또한 그는 자신이 여러 선택들의 주체였다는 사실 또한 부인하지 않을 것이다. 하지만 자아와 선택에 관한 그의 생각은 당대뿐만 아니라 오늘날의 통념과도 근본적으로 달랐다.

먼저 자아의 성질부터 생각해보자. 나는 지금 내 책상 앞에 앉아 글을 쓰고 있다. 하지만 내가 여기 있다고 말해주는 그것은 무엇인가? 데카르트에게 답이 있었다. '나'는 생각하는 존재이지 물질적 존재가 아니라는 것. 나의 본질은 비물질적인 실체, 즉 그 어떤 질량이나 공간 차원도 없는 생각하는 실체res cogitans다. 이 '나'는 나눌 수 없는 단순한 존재다. 데카르트는 이를 확신했다. '자아'의 존재는 온갖 의심을 넘어 유일하게 확실한 것이었다.

흄은『인성론』에서 자아 동일성에 관한 부분을 쓰기 시작하면서 분명 데카르트를 염두에 두고 있었다. 그러나 흄에게는 데카르트식의 확신이 없었다.

나 자신이라 부르는 것을 면밀히 들여다보면 늘 뜨거움이나 차가움, 빛이나 그늘, 애정이나 미움, 고통이나 쾌락 같은 이런저런 지각을 만나게 된다. 나는 이러한 지각이 없이 나 자신을 포착하지 못한다. 지각 외에는 무엇도 관찰할 수 없다. 깊은 잠에 빠질 때처럼 나의 지각이 사라지면, 그동안 나는 자신에 대해 무감각해지므로 엄밀히 말해서 존재하지 않는다고 할 수 있다.
— 데이비드 흄,『인성론』중

가령 내가 흄의 방에 있다고 생각해보자. 이곳에서 나 자신을 면밀히 들여다본다면 무엇을 발견할까? 나의 지각이 있다. 대리석 난로의 모양, 지금 이곳에 살고 있는 사람들보다 오래된 방이 풍기는 약간 퀴퀴하고 먼지 섞인 냄새, 나와 같이 온 사람들과 나 자신의 발자국 소리, 종아리에 느껴지는 약간의 통증. 또 내 머릿속을 윙윙대며 지나가는 상념이 있다. 이곳에서 공부하던 흄을 상상해보려는 시도, 이 집 주인이 우리에게 이곳에 머물 시간을 얼마나 줄까 하는 궁금증, 스치듯 지나가는 점심 고민, 뇌리에서 통 떠나지 않는 짜증나는 멜로디. 그 다음에는 감정이 있다. 나와 흄의 인생이 수백 년을 가로질러 연결되어 있음을 발견하는 기이하면서도 숙연해지는 감정, 한 인간이 고작 관념이라는 유산을 통해 영원히 존재할 수 있다는 사실에 대한 경외감.

이것들을 모두 합치면 이 방에서 내가 지각하고 있는 것들 외에 다른 요소는 전혀 없다. 지금 드는 생각과 감정 이외에 다른 어떤 **자아**도 없는 것이다. 자아는 이 모든 생각과 감정에 불과하다. 달리 말해 자아가 경험을 **소유한다**고 말하지만, 실제로는 자아야말로 경험의 질서정연한 집합에 **불과하다**. 이 점을 깨닫게 되면 자아는 덧없이 사라지고 만다. 우리가 영원하고 지속적인 통일체라고 생각했던 것은 실제로는 덧없이 사라지는 경험의 흐름에 불과한 것임이 밝혀진다.

놀라운 이야기로 들릴 수도 있겠지만, 어쨌거나 흄은 개인의 정체성이라는 것이 다른 종류의 정체성과 전혀 다르지 않음을 분명히 했다. 모든 대상은 시간이 지나면서 변화하는 부분들로 이루어져 있고, 우리는 그 대상의 변함없고 영구적인 본질을 절대로 지각할 수 없다. 흄이 '실체'라는 개념을 거부한 이유가 바로 이것이다. 아리스토텔레스 이후 대부분의 철학자들은 '실체substance'와 '속성mode'을 구분해왔다. 가령 라플레슈에 있는 대학은 형태와 색과 견고함 등의 특정 속성을 가지고 있다. 우리는 이 모든 속성을 지각하지만, 어떤 의미에서 대학을 이루는 '가장 중요한 것'인 실체는 그러한 속성 '뒤'에 있다는 논리다. 그러나 흄은 이러한 실체를 논하는 일을 무의미하다고 보았다.

> 특정한 속성들의 묶음과 다른 실체 개념은 없다. 우리가 즐겨 이야기하거나 생각하는 실체에는 별다른 의미가 없다.
>
> — 데이비드 흄,『인성론』중

대상의 실체라는 것은 실제로는 존재하지 않는다. 존재하는 것은 대상의 성질뿐이다. 대상의 모든 성질을 알 수는 없기 때문에 대상을 우리가 관찰한 모든 속성의 총합에 불과하다고 말할 수는 없다. 하지만 관찰하지 못한 속성 역시 속성일 뿐 "실체"라 불리는 어떤 것이 아니다.

기억과 자기동일성

흄의 자아 이론은 사실 이러한 생각의 확장판일 뿐이다. 자아는 그저 자아의 모든 속성들이며, 그 속성은 본질적으로 지각, 기억, 욕망 등의 심리적 측면을 가지고 있다. 이것들 이외 '자아라는 실체'는

테세우스의 배

그리스신화에 나오는 테세우스는 온갖 괴물과 악당을 물리치고 아테네의 왕이 된 인물이다. 크레타섬의 괴물 미노타우로스를 처치하고 아테네로 귀환한 테세우스와 그 일행이 탄 배는 아테네인들에 의해 이후로도 오랫동안 유지 보수가 되었다. 그들은 낡은 부품은 떼어내고 새 부품으로 교체해 넣기를 거듭했는데, 이렇게 되면 나중의 배는 원래의 배와 같은 배라 할 수 있을까 하는 질문이 철학자들 사이에서 대두되었다. 흄은 개인의 동일성은 곧 변화로 이루어지는데, 세월이 흘러도 동일성을 유지할 수 있는 것은 변하지 않는 본질이 있어서가 아니라 바로 '기억' 때문이라고 보았다.

존재하지 않는다. 만일 자아의 실체가 없는 것이 사실이라면 이른바 정체성(동일성)이라는 것도 엄밀히 말해서 '같다'라는 논리적 성질이 아니라 그저 "유사성, 인접성 혹은 인과에 의해 연결된 부분들의 연속"에 대한 지각일 뿐이다. 어떤 것을 '동일하다'고 말하는 것은 이런 관계들이 동일하다는 감각을 만들어낼 만큼 강력하기 때문이다. 그러나 어느 정도 같다는 느낌이 들어야 동일하다고 할 수 있는지 말해주는 규칙은 없다.

물론 고려해볼 만한 요소들은 있다. 가령 변화의 **비율** 같은 것이다. 지붕의 기와가 떨어져나가 모양이 좀 변했다고 해서 그 집이 다른 집이 되었다고 하지는 않는다. 변화의 비율 못지않게 중요한 요소는 변화의 **속도**다. "어떤 대상의 상당 부분에 변화가 오면 동일성이 파괴된다. 하지만 놀라운 점은 이러한 변화가 눈에 띄지 않게 점진적으로 나타날 때는 동일성이 파괴되었다고 보지 않는다는 것이다." 록밴드 하나를 생각해보자. 1968년에 결성한 딥퍼플의 원년 멤버 다섯 명 중 현재 이 밴드에 남아 있는 멤버는 하나뿐이다. 그러나 세월이 지나면서 변화를 겪은 딥퍼플은 아직 단일 밴드의 동일성을 가지고 있다.

이것이 가능한 이유는 흄이 동일성 개념에서 중요하다고 생각하는 또 하나의 요인 때문이다. 그것은 하나의 전체를 이루는 부분들이 "공통된 목적을 향해 결합하는가"의 문제다. 흄은 여기서 토머스 홉스로부터 테세우스의 배 이야기를 빌려왔다. 선원들은 배를 수리하기 위해 여러 차례 부두로 들어가 부품을 교체한다. 그러나 배를 운행하는 내내 이 부품들은 같은 배에 속해 있고, 그 목적 또한 변하지 않는다. 배의 기능이 동일하다는 이유로 우리는 그 배를 동일한 물체라고 여긴다.

이런 사례에서 분명한 한 가지는 대상의 동일성 여부를 결정할 때 중요한 것은 '맥락'이라는 사실이다. 강물은 아주 빠르게 변하지만 그것 자체가 강의 성질이므로 강이 다른 것으로 변했다고 생각하지는 않는다. 프로 축구팀은 때마다 선수와 매니저를 교체할 수밖에 없다. 그렇게 해야만 오랜 세월 동안 최고 수준을 유지할 수 있기 때문이다. 어떤 축구팀의 선수가 모조리 교체된다 해도 그 팀을 '동일하다'고 간주한다.

요컨대 개인의 동일성은 불변의 본질이 아니다. 변하지 않는 본질이란 없기 때문이다. 개인의 동일성은 곧 변화로 이루어진다. 성장 속에서 변화는 자연스러운 것이고, 변화야말로 자아 형성의 의미를 구성하기 때문이다. 한 개인은 "유사성이나 연속성이나 인과"라는 충분한 관계성만 보이기만 한다면 세월이 흘러도 여전히 동일하며, 동일성의 "충분 조건"은 엄밀한 규칙으로 정할 수 없다.

이러한 관계들을 가능하게 하는 요인 중 흄이 "주로 자아 동일성의 원천으로" 지목하는 것은 '기억'이다. 기억이 없다면 우리는 "연속적으로 일어나는 지각의 지속성과 그 정도"를 전혀 인식할 수 없다. 그런데 기억의 역할은 기이하게도 이중적이다. "기억은 지각들 간의 유사 관계를 만들어냄으로써 동일성을 산출하는 데 기여한다." 우리가 동일성을 갖는 것은 오직 기억을 가지고 있기 때문이다. 기억이 없다면 "지각의 다발"을 충분히 통합해줄 것이 아무것도 없다. 하지만 우리가 모든 것을 다 기억하지 못한다는 것 또한 사실이다. 그렇다고 그 때문에 우리의 과거가 기억하는 것들로만 이루어져 있다고 생각하지는 않는다. 이런 의미에서 "기억은 우리에게 상이한 지각들 사이의 인과관계를 **보여줌으로써** 동일성을 산출하기보다 **발견한다**."

그는 자신의 견해에 동의하지 않는 이들을 가리켜 "형이상학자들"이라고 놀려대며 이렇게 말했다.

> 이러한 형이상학자들은 제쳐놓고 나는 나머지 인류에 대해서 확언한다. 인간은 상이한 지각들의 다발이거나 묶음에 불과하며, 이 지각들은 상상할 수 없이 빠른 속도로 서로 연결되어 영속적인 흐름과 운동을 만들어낸다.
>
> — 데이비드 흄, 『인성론』 중

흄이 자아를 묘사할 때 '다발'이라는 단어를 쓴 것은 단 한 차례였지만, 이 말은 그 적확성을 인정받아 흄과 비슷한 부류의 입장을 기술할 때 다발 이론이라는 용어를 쓰게 되었다. 그러나 다발이라는 말은 혼란스럽고 짜임새가 없는 것처럼 들려 이러한 생각이 개연성 없다는 느낌이 들게 한다. 흄을 비판했던 당대의 철학자 리드는 흄이 "우리가 정신이라고 부르는 것은 기껏해야 그 어떤 주체도 없는 생각과 정념과 감정의 다발에 불과하다"라는 견해를 밝혔다고 비난했다. 여기서 핵심은 "불과하다"라는 표현이다. 많은 이들은 우리라는 주체가 지각의 다발에 불과하다는 것을 믿지 못했다. 하지만 우주는 그것이 원자들의 거대한 다발에 '불과하기' 때문에 그토록 경이로운 것이다. 우주가 그러한 다발에 '불과한 것'이 아니라면 그토록 놀랄 필요조차 없을 것이다. 인간이 놀라운 존재인 이유도 그가 생각과 감정과 기억과 욕망과 감각의 다발이기 때문이다.

흄의 자아는 물리적 우주를 구성하는 다른 모든 대상과 마찬가지로 놀랍고 신비롭다. 이 세계를 이루는 것들이 근본적으로 무엇인가를 생각할 때면 나는 늘 경외감에 사로잡힌다. 특히 여행이야말로 이러한 경외감을 느끼게 하는 체험이다. 아리스토텔레스는 "인간이 철학적 사유를 시작한 이후 지금까지 이를 지속하는 이유는 바로 이 경탄 때문"이라고 말했다.

그러나 경탄은 철학의 출발점이지만 끝은 아니다. 철학자들은 경탄에서 벗어나기 위해, 즉 믿을 수 없는 것을 완전히 이해할 수 있는 것으로 바꾸기 위해 고군분투한다. 낯선 대상은 추론에 의한 이론을 통해 길들여진다. 흄은 "철학자란 자연의 많은 결과들을 설명하는 좋은 원리를 손아귀에 쥐게 되면 그 동일한 원리를 우주 만물로 확대하여 모든 현상을 그 원리로 환원한다. 가장 폭력적이고 터무니없는 추론을 통해서라도 말이다"라고 썼다. 흄 또한 이런 악덕에서 완전히 자유롭다고 할 수는 없지만 그래도 대부분의 철학자들보다는 비교적 자유로웠다고 해야 할 듯하다. 그의 견해는 **터무니없어 믿지 못할 설명을 택할 바에야 놀라운 신비를 선호하는 편이 낫다**는 것인 듯하다. 인과는 실재하되 합리적인 증거를 통해 이를 증명하기는 불가능하다는 사실을 받아들이는 편이 인과의 존재 자체를 부정하는 편보다 낫다. 자아가 지각의 다발이라는 놀라운 사실을 받아들이는 편이, 경험과도 맞지 않을뿐더러 풀어야 할 난제만 제기하는 통일된 영혼을 상정하는 편보다 낫다.

흄은 『인성론』의 부록에서 이러한 입장을 더욱 명료히 밝혔고, "자아 동일성에 관한 부분을 더 엄밀히 검토한 결과, 나 자신이 복잡한 미로에 빠져 이전의 의견을 어떻게 수정해야 할지, 그것을 일관성 있는 체제로 어떻게 만들어야 할지 모르겠다는 점을 시인해야겠다"라고 실토했다. 그의 난감함은 다음 구절에 더 구체적으로 표현되어 있다. "인간의 생각이나 의식을 구성하는 연속적인 지각들을 통합하는 원리를 설명하려 할 때면 절망감이 든다. 이 문제에서 내가 만족할 만한 이론을 하나도 발견하지 못했기 때문이다."

흄은 자신의 이론이 만족을 주기에는 수수께끼를 무수히 남겨놓았다고 인정하면서도 근원적으로는 옳다는 것과, 지속적인 실체로서의 자아는 없다는 점을 분명히 했다. 결국 흄이 지식인의 정직함을 포기하지 않고 할 수 있었던 일은 불완전함을 받아들이고, "다른 이들 혹은 나 자신이 더 성숙한 성찰을 통해 이 모순을 해결해줄 가설을 발견하기를" 희망하는 것뿐이었다.

고독과 친교 사이에서

모스너에 따르면, 흄은 평론으로 성공을 거두었지만 "문단에서는 여전히 무명의 문필가였다." 그러나 결혼한 형을 따라 1751년에 누나와 함께 거처를 나인웰스에서 에든버러로 옮기면서 그의 운명에도 또 한 번의 변화가 찾아왔다. 그는 나이웰스에서 여러 해 행복하게 살았다. 훗날 그는 이렇게 회고했다. "나는 형과 나인웰스에서 여러 해를 행복하게 살았다. 형이 결혼하면서 우리 관계에 변화가 생기지 않았더라면 그곳에 살다 생을 마감했어야 했다는 생각이 든다." 그러면서도 에든버러야말로 "문인이 살 만한 최적의 장소"라고 평가했다.

흄은 고독과 친교를 모두 중시했던 사람이었고, 둘 중 무엇이 더 좋은지 갈등했던 것 같다. 그는 인간이 사회적 동물이라는 아리스토텔레스의 견해에 동의했기 때문에 "인간은 남들을 의식하지 않기를 바랄 수 없다. 인간이 겪을 수 있는 최고의 형벌은 완전한 고독이다"라고 썼다. 그러나 고독이 없는 것 역시 나쁘기는 마찬가지다. 특히 친교의 질을 장담할 수 없을 바에야 고독이 더 나은 법이다.

> 책과 인간에 대한 지식을 잘 소화한 사람은 엄선된 소수의 친구들과 함께하지 못하면 괴롭다. 그는 잘 알고 있다. 이 엄선된 친구들을 뺀 나머지 사람들은 자신이 즐겁게 형성해온 관념의 기준에 한참 뒤떨어져 있다는 것을 말이다.
>
> ─ 데이비드 흄, 『도덕, 정치, 문학에 관한 평론』 중

이런 탓에 흄은 고독과 친교 사이를 왕복하면서 최상의 고독과 친교를 모두 얻고자 애썼다. 그는 오늘날 우리가 잘 아는 이른바 '다원주의'를 지향했던 것 같다. 잘 사는 방법은 하나뿐이 아니라는 태도 말이다.

흄과 그의 누나가 에든버러로 이사 가서 살았던 집은 론마켓의

흄이 살았던 리들스코트

1751년, 흄은 결혼한 형을 따라 누나와 함께 나인웰스에서 에든버러로 거처를 옮겼다. 그들의 집은 론마켓의 남쪽에 있는 리들스코트에 있었다. 현재 이곳에는 19세기 말에 이 건물을 대학의 홀로 바꾼 패트릭 게디스의 이름을 딴 패트릭게디스센터 본부가 들어서 있으며, 방들은 다양한 개조를 거쳐 결혼식이나 단체 모임, 파티 장소로 대여되고 있다. 센터 홈페이지에 흄이 이곳에서 살았다는 언급이 있지만, 그의 정신은 희미하게만 남아 있다.

남쪽에서 좀 떨어진 리들스랜드에 있었다. 그 집은 외관은 많이 바뀌었어도 아직 리들스코트라는 이름으로 남아 있다. 이 집은 흄의 시대에도 이미 유서 깊은 곳으로, 1590년대 어느 상인의 집으로 건축된 이후 1598년에는 두 차례 궁정 연회 장소로 쓰였다.

내가 리들스코트에 갔을 때는 공사가 한창이었는데, 알고 보니 스코틀랜드역사기념건물트러스트가 에든버러월드헤리티지의 지원을 받아 원형을 보존하면서 대대적으로 새 단장하고 있는 중이었다. 방은 건물의 역사를 훼손하지 않도록 다양하게 개조하여 현재는 결혼식이나 단체의 모임이나 파티용으로 대여해 쓸 수 있도록 해놓았다. 그러나 이 건물의 주요 용도는 패트릭게디스센터의 본부다. 패트릭 게디스는 1880년대 이 건물을 대학의 홀로 바꾼 인물이다. 그는 이 건물에서 빈곤층에게 여름학교를 개방해 운영하기도 했다. 오늘날 센터는 다방면에 박식했던 그에게 "생물학자, 지리학자, 사회학자, 환경보호론자, 철학자, 도시계획 설계자, 문화 옹호자, 무정부주의자, 자유교회파, 교육자"라는 칭호를 붙였다.

리들스코트에는 게디스의 정신이 생생히 보존되고 있지만, 흄의 정신은 희미하게만 남아 있다. 흄의 철학적 위상만큼 그가 유명하지 못한 이유 중 하나는 필시 대부분의 문명 세계에서 영웅시하는 인물의 유형에 들어맞지 않기 때문일 것이다. 대개 '위대한 남성들'(애석하지만 여성들은 위대함이라는 명성을 아예 누리지도 못했다)은 강력한 지도자이거나 자기희생적인 성인이었다. 그러나 흄의 특별함은 그런 것과는 거리가 멀었다. 그는 대부분의 사람들보다 훨씬 더 인간적이었기 때문이다. 그가 표명했던 미덕은 과감함이나 용기 같은 극단적인 성질의 것이 아니라 온화함, 겸허함, 관대함, 친절처럼 평온하고 두드러지지 않는 것이었다. 행여 이러한 미덕이 하찮게 보인다면 이 덕목을 한결같이 살아내는 일이 얼마나 지난할지 생각해보라.

1750년대 당시 에든버러는 급속도로 팽창하고 있었다. 당시 에든버러의 인구는 5만 명이 좀 넘었지만, 1775년에는 8만 명으로 늘었다. 많은 사람들로 북적이는 만큼 불법도 성행했다. 에든버러에는 매춘 장소의 일종인 매음굴이 많았다. 그럼에도 에든버러가 문인들이 살 만한 최상의 장소라고 했던 흄의 말은 확실히 옳았다. 당대 영국의 한 화학자의 말을 들어보자.

이곳에서 나는 에든버러의 십자가라 불리는 건물 앞에 서 있다. 몇 분만 여기 서 있어도 족히 50명가량의 천재나 박식한 사람들과 악수를 나눌 수 있다. (…) 런던과 파리와 다른 유럽의 대도시에도 문인들은 많지만 만나기가 쉽지 않다. 설사 만난다 해도 어색하고 부자연스러운 대화만 오고 갈 뿐이다. 그러나 에든버러에서는 뛰어난 사람들을 만나기가 쉬울 뿐만 아니라 이들과 외국 지식인들 간의 대화나 지적 소통도 아무런 거리낌 없이 자유롭게 이루어진다.
— 『브리태니커 백과사전』 편집자 윌리엄 스멜리의 질문에 대한 존 아미야트의 대답

"에든버러의 십자가"는 '시장의 십자가'를 말하는데, 리들스코트로부터 로열마일 방향으로 고작 몇백 미터 아래쪽의 성자일스대성

당 옆 의회광장에 있다. 시장 좌판이 열리고 시 행사가 자주 열렸을 만한 곳이다. 오늘날에도 이곳에서 "50명가량의 천재나 박식한 사람들과 악수를 나눌 수" 있을지는 확신할 수 없지만 여전히 흔치 않은 지적 활기가 넘치는 도시임에는 틀림없다.

이 도시의 지적 활기를 입증하는 한 가지 행사는 에든버러국제도서전이다. 이 도서전은 내가 아는 한 평등이 가장 잘 실현되는 축제 중 하나다. 저명한 작가부터 갓 데뷔한 초짜 문인까지 연설자들은 누구나 유명 작가의 게르에서 함께 어울리고 동등한 대접을 받는다. 독자들도 문인들의 유명세와 관계없이 누구에게나 관대하다. 이러한 분위기를 보면 에든버러의 개방적인 지적 호기심과, 18세기 문인의 수도로서의 성격이 서로 연결되어 있다는 생각은 지나친 몽상이 아닐 것이다.

흄은 스코틀랜드 계몽주의 시기에 번성했던 동호회 중심의 지적 활동에 열정적으로 참여했다. 1751년, 흄은 지식인협회 가운데 가장 권위 있는 철학협회의 공동 서기로 선출되어 이후 20년 동안 이 직위를 유지했다. 웅장한 층계와 어두운 목재 기둥, 가죽으로 된 안락의자들, 전 고관들의 초상화로 인해 학회 본부는 이 도시가 지닌 지성사의 긍지를 뿜어낸다.

1752년, 흄은 변호사협회 도서관의 사서가 되었다. "수입은 적지만 고상한 직책이었다." 이 직책의 중요한 이점은 거대한 규모의 장서를 볼 수 있었다는 것이다. 장서 이용은 이 시절 그의 집필 활동에 반드시 필요한 일이었다. 이 도서관은 오늘날까지 남아 있는 몇 안되는 흄 당대 건물 중 하나다. 하지만 국회의사당 내에 있기 때문에

에든버러의 십자가

흄은 에든버러를 문인이 살 만한 최적의 장소라고 평가했는데, 그만큼 지적 활기가 넘치는 도시임을 말해준다. 당시 한 영국인의 말에 따르면, 로열마일에 있는 에든버러의 십자가 앞에서 몇 분만 서 있어도 50명가량의 천재나 박식한 사람들과 악수를 할 수 있다고 했다. '에든버러의 십자가'는 곧 '시장의 십자가'를 말하는데, 시장이나 행사가 자주 열렸을 만한 곳이다. 사진에서 왼쪽에 보이는 건축물이다.

일반인에게는 공개되지 않는다. 의사당은 스코틀랜드 대법원이 있는 단지에 있다. 외부인에게는 잘 보이지도 않는다. 그러나 관장의 배려로 수석사서의 안내를 받아 안을 관람할 수 있었다.

흄이 근무했던 공간에는 지금은 쓰이지 않는 커다란 석조 벽난로가 있다. 합판을 깐 바닥부터 현대풍의 책장까지 여러모로 현대화된 공간이지만, 그러면서도 18세기 느낌이 물씬 난다. 이곳은 분명 특별한 연구 공간이었을 것이다. 조용하고 넓고 믿을 수 없을 만큼 훌륭한 장서를 갖춘 근사한 공간. 흄은 당연히 이곳의 사서직을 노렸을 것이다.

1754년, 흄은 지식인협회의 창립자로 이름을 올렸다. 모스너가 전하는 바에 의하면, 이 협회에는 "법조계, 대학, 교회의 주요 인물 다수에, 사교계에서 선발된 소수의 사람들"이 포함되어 있었다. 흄은 또한 포커클럽에서도 적극적으로 활동했다. 포커클럽은 더 비공식적인 모임으로서 이곳에서 벌어지는 논의는 특히 더 직접적이고 솔직했다. 멤버들은 음식과 술을 즐기며 원기 왕성한 대화를 나누었다. 역사학자 로저 에머슨의 말에 따르면, 흄은 다른 협회의 고상한 분위기보다 포커클럽의 "거칠고 솔직한 분위기"를 더 좋아했다. 이렇듯 흄은 공식적인 클럽 외에도 모임을 주선하는 대가였다. 철학자이자 풍자 작가이자 평론가였던 토머스 칼라일은 이렇게 전한다.

흄은 엄선된 소수의 친구들에게 이따금씩 소박한 식사를 대접했다. (…) 가장 즐거웠던 일은 유익하고 기분 좋은 대화를 여흥에 보탰다는 것이다. 그는 평민이건 성직자건 학식 있고 함께 어울리기

에든버러 지성사의 상징 에든버러왕립학회

18세기 계몽주의 시대에는 지식인 동호회가 번성했는데, 지적인 교류에 관심이 많았던 흄도 적극적으로 활동했다. 그중 1731년에 창설된 철학협회에서는 공동 서기로 선출되어 20년 동안 직을 유지했다. 이 협회는 1783년에 에든버러왕립학회으로 이름이 바뀌었다.

좋은 쾌활한 사람이라면 누구나 끌어들였다. (…) 악의 없고 유쾌한 농담에서 그를 대적할 자를 나는 알지 못한다.

— 어니스트 캠벨 모스너, 『데이비드 흄의 생애』 중

1753년, 흄과 그의 누나는 잭스랜드의 새집으로 이사를 갔다. 지금 이 집은 남아 있지 않다. 이 무렵 흄은 부족할 것 없는 삶을 영위하고 있었다. 그는 한 편지에서 이렇게 말했다.

근검절약을 통해 청결함과 온기와 빛, 풍요와 만족감을 느낄 수 있다. (…) 더 이상 무엇이 필요하다는 말인가? 자립? 나는 이미 최고의 자립을 누리고 있다. 명예? 어느 정도 누리고 있다. 기품? 언젠가 올 것이다. 아내? 인생에서 꼭 필요한 존재는 아니다. 책? 꼭 필요한 것들 중 하나이지만, 내게는 충분한 책이 이미 있다. 요컨대 크건 작건 내가 누리지 못하는 복은 전혀 없다. 철학이라는 큰 일만 없다면 더없이 안락한 삶이 될 것이다.

— 데이비드 흄의 편지 중

스코틀랜드의 타키투스

흄이 다음으로 착수했던 일은 수백 년간 그의 철학을 숭배하는 이들을 경악시켰다. 그는 총 여섯 권짜리 『영국사』를 써서 1754년에서 1762년에 걸쳐 출간했다. 1603년 제임스 1세의 통치에서 시작해 1688년 제임스 2세의 이야기로 마무리되는 내용이 책 두 권에 담겼다. 첫 두 권의 반응이 좋았던 덕에 그는 그 이전의 역사로 거슬러 올라가 튜더왕조 치세의 영국사를 두 권 더 쓴 뒤, 기원전 54년 카이사르의 침공부터 튜더왕조를 개창한 헨리 7세의 즉위까지를 다루는 역사서 두 권을 더 집필했다.

첫 책의 판매는 처음에는 저조했지만 두 번째 책은 꽤 잘 팔렸고, 결국 『영국사』 시리즈는 어마어마한 성공을 거두었다. 그의 철학 저작보다 더 많이 팔린 『영국사』는 1780년대에 에드워드 기번의 『로마제국 쇠망사』가 나오기 전까지 영국에서 출간된 최고의 역사 베스트셀러가 되었다. 기번은 흄을 "스코틀랜드의 타키투스"라고 불렀다. 프랑스인들에게 흄은 "영국의 타키투스"였다. 자부심 강한 이 스코틀랜드 철학자가 영국의 타키투스라는 부정확한 상찬을 마음에 들어했을 것 같지는 않지만, 흄이 타키투스를 경탄의 눈으로 존경했다는 점을 고려하면 칭송이 싫지만은 않았을 것이다. 그는 「취미의 기준에 대하여」라는 평론에서 나이가 들면서 취미가 바뀌는 과정을 논하다가 "스무 살에는 오비디우스, 마흔 살에는 호라티우스, 쉰 살이 되면 타키투스가 가장 마음에 든다"라고 썼다.

1764년, 프랑스 계몽주의 지식인 볼테르는 "『영국사』의 명성은 당연하다. 그 어떤 언어로 쓰인 책 중에서도 단연 최고다"라고 극찬했다. "『영국사』에서 흄은 의회파도 왕당파도 국교회파도 장로교파도 아니다. 그는 그저 공정한 판관이다"라는 것이 극찬의 이유였다. 그야말로 흄이 바라던 평가였다. 하지만 흄의 공명정대함에 대한 볼테르의 상찬은 그의 책에 대한 보편적인 평가는 결코 아니었다.

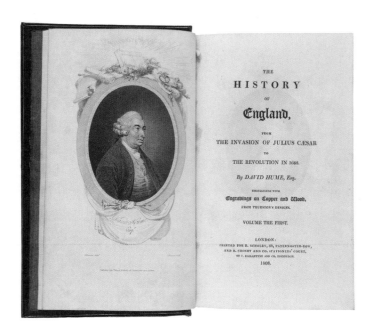

흄의 최고 베스트셀러인 『영국사』

흄은 1754년에 1762년까지 총 여섯 권으로 이루어진 『영국사』를 출간하여 큰 성공을 거두었다. 『로마제국 쇠망사』를 쓴 에드워드 기번은 흄을 "스코틀랜드의 타키투스"라고 불렀고, 프랑스 계몽주의 지식인 볼테르는 이 책을 두고 "어떤 언어로 쓰인 책 중에서도 단연 최고다"라고 극찬했다. 이로 인해 항간에는 흄이 철학을 포기했다는 평가도 있었지만, 그에게 역사는 철학과 동떨어진 것이 아니었다. 오히려 자신의 철학 정신을 적용할 풍성한 재료를 역사에서 찾았다고 그는 말했다.

특정 편도 지지하지 않았던 흄은 결국 모두에게 욕을 먹었다.

> 비난과 반감과 혐오의 맹공이 들이닥쳤다. 영국인, 스코틀랜드인, 아일랜드인, 휘그당원과 토리당원, 성직자와 신도, 자유사상가와 광신자, 애국자와 아첨꾼 모두 이 사람을 향한 분노로 단결했다. 찰스 1세의 운명을 애석해하며 주제넘게 눈물 흘린 사람에게 말이다.
>
> — 데이비드 흄, 『나의 생애』 중

그러나 흄은 종교계의 분노를 가라앉히기 위해 『인성론』을 거세하려는 의지를 발휘했듯 역사책 역시 현실적인 판단으로 일부를 삭제하려고 했다. 가장 주목할 만한 삭제는 스튜어트왕조를 다룬 첫권의 초판과 관련이 있다. 여기서 흄은 초기 프로테스탄트교를 광신으로, 로마 가톨릭교를 미신으로 비난했다. 이 때문에 일부 평자들은 그의 저작 전체를 무신론적이라며 거부했다. 이 때문에 흄은 책이 아예 읽히지 않는 사태를 방지하기 위해 재판에서 해당 부분을 들어냈다.

이와 같은 논란도 베스트셀러가 된 『영국사』의 운명을 막지는 못했다. 그의 평론 또한 잘 팔렸고, 그가 사망한 뒤에도 마찬가지였다. 그의 『여러 주제에 대한 평론과 논고』는 1777년에서 1894년 사이총 16판을 찍었으며, 생전에도 그의 많은 책이 프랑스어, 독일어, 이탈리아어로 번역되었을 뿐만 아니라 미국에서도 출간되었다. 스코틀랜드의 극작가인 존 홈은 흄이 사망하고 몇 년 뒤 "흄의 평론은 대중적인 동시에 철학적이며, 심오한 과학성과 문필가의 정교함이 결합된 드문 수작이다"라고 주장했다.

모스너에 따르면, 1757년 무렵 흄은 "영국 북부뿐만 아니라 남부에서도 문단의 중요한 인사로 통했다." 그는 또한 프랑스에서도 유명했다. 그러나 동시대인들이 『영국사』 때문에 그를 후하게 평가했던 반면, 후세대는 가혹한 비판을 가했다. 한동안 이 역사서를 둘러싸고 사람들은 흄이 역사로 관심을 돌리면서 자신의 재능에 가장 잘 맞는 철학에 대한 의지를 포기해버렸다고 여겼다. 해리스의 말대로 "1751년 중반에 이미 (…) 흄의 철학 저작은 거의 완성되었다"라는 것이 대체적인 평가였다. 1751년, 흄은 『인성론』 제3권을 수정하여 『도덕 원리 연구』라는 제목으로 출간했다.

흄이 철학을 포기했다는 평가에는 미심쩍은 오류가 여럿 있다. 첫 번째 오류는 흄이 쓴 다양한 주제를 오늘날 우리가 쓰고 있는 개념으로 분류하는 것은 시대착오적이라는 것이다. 흄이 늘 꿈꾸었던 문필가는 역사와 철학과 정치를 구분하지 않는다. 흄의 철학적 연구에 주안점을 둔 지적 전기를 쓴 해리스의 말대로 "흄은 철학을 버리고 평론과 역사서를 쓴 철학자가 아니라 인간 본성, 정치, 종교, 기원전 55년부터 1688년까지의 영국사에 관해 썼던 철학적인 문필가로 보아야 한다."

이것은 단지 학문의 분류 차이의 문제만은 아니다. 흄에게 역사 저술은 철학 연구와 동떨어진 일이 아니었다. 역사서 작업을 시작했을 때 그는 블랑 사제에게 보내는 편지에서 "나의 모든 저작에서 마음껏 펼쳤던 철학 정신은 그것을 적용할 풍성한 재료를 역사에서 찾았습니다"라고 말했다.

흄이 평론을 쓰면서 철학과 결별했다는 생각은 더욱 의구심이 드는 오류다. 흄은 일상생활의 관심사를 다룸으로써 자신의 생각을 명료하고 간결하게 표현하려 노력해온 많은 진지한 작가들이 치른 것과 같은 종류의 대가를 치른 듯하다. 그러나 **문체의 가벼움과 사유의 가벼움을 혼동하지 말라.** 주제를 자유자재로 가볍게 다루는 듯 보인다고 해서 사유 자체의 무게까지 가볍다고 여기는 것은 오산이다. 흄의 평론은 실로 작지만 중요한 지혜를 가득 담고 있는 보물 창고다. 그의 평론은 오늘날 낡은 사상처럼 보일 수 있지만, 그것은 그 글들이 당시의 특정 쟁점을 직접적으로 다루어 현대인들에게 큰 관심사로 비치지 않기 때문일 뿐이다.

흄은 『인간 오성 연구』에서 말했던 "쉽고 명백한 것"과 "정확하고 난해한 것" 간의 결합을 평론을 통해 비로소 완성했다. 그는 유연성을 "가장 드물고 유용하고 귀한 능력"이라고 추켜세웠다. 그렇다고 어느 한쪽의 성향을 편들지는 않았다. 오히려 두 성향 모두에 비판적이었다. 난해한 철학은 추상으로 빠져 인간을 현재의 모습으로 만드는 정념과 감정을 묵살함으로써 삶과 행위에 대한 올바른 설명을 제시하지 못한다. 반면 쉽고 명백한 것들은 "심오한 이성적 사고를 아예 거부하게 만든다." 그는 "커피하우스에서 나누는 대화에서 배울 수 있는 것 정도를 말하는 저자는 귀하게 여길 가치가 없다"라고 했다.

흄의 야심은 난해하지만 정확한 철학의 지적 엄정성을 명료한 문체, 그리고 쉽고 명백한 것에 대한 인간적인 초점과 조화롭게 결합하는 것이었다. 그가 이러한 바람을 가장 성공적으로 성취한 분야는 평론이었다. 「평론 쓰기에 관하여」라는 글에서 그는 이러한 통합이 평론에 대한 자신의 야심이라고 명시적으로 밝혔다. 그는 학식과 대화의 세계를 두 나라에 빗대어 이렇게 말했다.

> 나는 학식이 지배하는 나라의 거주민이며 대화의 나라로 파견된 대사다. 따라서 나는 두 나라 간의 바람직한 소통 증진을 영원한 직무로 삼을 것이다. 두 나라는 서로에게 크게 의존하고 있기 때문이다.
>
> — 데이비드 흄, 「평론 쓰기에 관하여」 중

흄이 철학을 포기하고 말았다는 평가가 오류인 마지막 근거는 그가 세상을 떠날 때까지 자신의 저작을 지속적으로 수정했다는 사실이다. 해리스의 말대로 "흄의 문필가 생활에서 수정은 집필 못지않게 중요했다." 철학에서는 분명 두 번째, 세 번째, 네 번째 생각이 최소한 첫 생각만큼 중요하며, 고치려는 의지는 사유를 포기하지 않는 부지런한 철학자의 표식이라는 것을 흄은 일찍부터 알고 있었다.

그는 런던에서 몇 년을 산 다음 1762년에 에든버러로 돌아왔다. 그러고는 론마켓의 북쪽에 위치한 제임스코트 공동주택의 3층을 사들였다. 놀라운 점은 이 도시에서 흄이 거쳐 간 세 거주지인 리들스코트, 잭스랜드, 제임스코트 간의 거리가 1킬로미터도 채 안 될 정도로 아주 가깝다는 것이다. 에든버러가 지식인들이 오다가다 부딪힐 수 있을 만큼 조밀한 도시였다는 것은 과장이 아니다.

제임스코트는 유명한 곳이었다. 아마 에든버러 너머뿐만 아니라 포스만의 리스항 너머까지 보이는 전망을 가지고 있었을 것이다.

흄이 살았던 제임스코트

흄은 리들스코드, 잭스랜드를 거쳐 제임스코트에 살았는데, 론마켓 주변에 있는 이 세 곳은 서로 1킬로미터도 안 될 만큼 아주 가깝다. 제임스코트에서 흄이 살았던 건물은 1857년에 화재로 소실되었지만, 과거의 위풍당당한 느낌은 여전히 남아 있다. 이 시절 흄은 안정적인 생활을 영위하는 가운데 영국 보수주의 정치가인 에드먼드 버크, 미국의 과학자 겸 정치가인 벤저민 프랭클린과 교유했다.

제임스코트의 집은 넓은 사각형의 뜰 주변으로 배치되어 있었고, 집집마다 분뇨를 수거하는 곳이 따로 있어 당국에서 분뇨를 수거해 갈 필요가 없었다. 당시로서는 꽤 큰 사치를 누린 셈이다.

그러나 18세기 말이 되면서 이 지역은 쇠퇴일로를 걷게 되었다. 부유층이 신시가지로 이주했기 때문이다. 명판에 따르면, 흄이 원래 살았던 건물은 1857년에 화재로 소실되었고, 그가 나간 뒤에는 전기 작가 제임스 보스웰이 살았다고 한다. 그래도 과거의 위풍당당한 느낌만큼은 사라지지 않았고, 오늘날에도 이곳은 꽤 유명한 곳이다. 사무실에서 일하는 사람들이나 형광 조끼를 입은 노동자들이 찾아와 샌드위치를 먹거나 커피를 마시는 도심의 오아시스다.

이곳에 사는 몇 년 동안 흄은 당시의 가장 중요한 지성인들 중 몇몇과 우정을 나누었다. 보수주의 사상가이자 정치가인 버크와 벤저민 프랭클린이 그의 친구였다. 그러나 '에든버러의 소크라테스'로 유명해진 흄에게는 친구뿐만 아니라 적도 없지 않았다. 그 이유는 개인적인 것이 아니라 신학적인 문제 때문이었다. 1761년 무렵 로마 가톨릭 교회의 금서목록에는 흄의 저작 전체가 들어 있었다.

이 시절 흄은 안정적이고 행복한 생활을 영위했던 것 같다. 1761년 그는 이렇게 썼다.

지금 내게 가장 어울리는 것은 책과 따뜻한 난롯가뿐이다.
— 어니스트 캠벨 모스너, 『데이비드 흄의 생애』 중

같은 날 다른 편지에는 "나는 야망도 없고, 쾌락의 기쁨도 버린

금욕주의자, 매일 한가로운 산책과 독서와 게으름에 빠져 다른 일
은 아무것도 할 수 없어져버린 은둔자"라는 내용이 쓰여 있다. 그러
나 흄은 정착하지 못했다. 얼마 지나지 않아 안락한 생활을 포기하
고 다시 프랑스로 떠난 것이다. 이번 프랑스행은 생각보다 더 오래
걸릴 여정이었다.

04

또 한 번의 여행

철학의 오류는 조롱거리에 불과하지만 종교의 오류는 위험하다.

— 데이비드 흄, 『인성론』 중

파리의 살롱에 앉아

훔은 에든버러에 정착한 듯 보였지만 프랑스에 대한 각별한 애정만큼은 버리지 않았다. 특히 프랑스 파리는 잊을 수 없을 정도로 매혹적인 장소였다. 1750년대 말, 훔은 파리를 두고 "파리로 가지 않는 편이 더 안전할 듯싶다. 일단 가면 평생 돌아오지 못할 것 같기 때문이다"라고 썼다. 첫 프랑스행에서 랭스를 거쳐 라플레슈로 갔던 그는 두 곳의 사람들을 비롯하여 프랑스 국민 전체에 대해 아주 높은 평가를 내렸다. 그의 프랑스 애호는 당시의 스코틀랜드인들에게 낯선 것은 아니었을 것이다. 프랑스와 스코틀랜드는 서로 비슷한 점이 많았기 때문이다. 에드워드 토펌 대령은 "프랑스인의 유쾌하고 생기발랄한 태도, 재빨리 꿰뚫는 듯 민첩한 눈길, 명랑한 기질은 스코틀랜드인들에게서도 똑같이 나타난다"라고 했다. 길에서 만난 친구와 입을 맞추는 비영국적 관습도 지금은 잘 보이지 않지만 두 나라의 공통점이었다.

1763년, 흄에게 프랑스에서 지낼 기회가 찾아왔다. 프랑스 주재 영국 대사였던 허트포드 경의 비서로 파리까지 그와 동행하게 되었던 것이다. 당시 프랑스와 영국 간에는 오랫동안 전쟁이 없었고, 허트포드 경은 7년전쟁(1756~1763) 이후 최초의 평화 시 영국 대사 자격으로 프랑스를 찾게 되었다. 이 무렵이면 이미 흄의 많은 저작이 프랑스어로 번역되어 출간되었던 덕에 그는 프랑스에서 유명 인사였다. 스코틀랜드의 정치가이자 법률가였던 앤드류 스튜어트는 "파리에서 흄의 인기는 정말 어마어마하다. 이러한대도 즉시 파리로 떠나지 않는다면 그는 아무런 정열도 없는 사람임에 틀림없다"라고 전했다. 스코틀랜드의 군인이자 법률가인 엘리뱅크 경 또한 "그 어떤 저술가도 당신이 지금 파리에서 누리는 정도의 명성을 생전에 누리지는 못했을 거요"라고 분위기를 전했을 정도다.

흄이 프랑스로 온다는 소식에 많은 프랑스인이 열광했다. 그의 파리행을 특별히 독려했던 인물은 당시 인기가 높던 살롱의 여주인인 부플레 백작 부인이다. 살롱은 파리 특유의 계몽 기관이었다. 지식인들과 예술가들이 이곳에 모여들었고, 주인인 살로니에르는 토론을 촉진하는 역할을 했다. 살로니에르가 된다는 것은 지적인 여성들이 누릴 수 있는 극소수의 기회였기 때문에 많은 여성들이 기꺼이 그 기회를 붙잡았다.

수많은 기록이 전하는 바에 따르면, 부플레 부인은 파리에서 가장 수준 높은 살롱의 여주인이었다. 독서량이 풍부한 그녀는 흄의 팬이 되었다. 1761년, 부플레가 흄에게 쓴 첫 편지는 요란스러운 상찬으로 가득 차 있다.

파리의 살롱

1763년, 흄은 프랑스 주재 영국 대사로 부임하는 허트포드 경의 비서로 프랑스 땅을 두 번째로 밟았다. 흄이 온다는 소식에 많은 프랑스인들이 큰 관심을 보였는데, 그중에서도 살롱의 주인인 부플레 부인이 그의 파리행을 독려했다. 흄은 부플레 부인의 살롱뿐만 아니라 조프랭 부인, 데팡 부인 등의 살롱에도 드나들었다. 당시 살롱은 지식인과 예술가 들을 위한 우아한 지적 사교의 장으로서, 주로 계몽사상가와 국외에서 온 중간 계층의 문인들이 주류를 이루었다. 살롱의 주인은 대부분 여성들이었다. 이 그림은 조프랭 부인의 살롱에서 볼테르의 비극 『중국의 고아』를 낭독할 때의 모습을 담은 것이다.

진정성을 다해 말씀드리건대 선생님만큼 완벽함을 갖춘 분은 본 적이 없습니다. 선생님의 저작들은 진정한 행복이 미덕과 하나라는 것을 입증함으로써 우리를 깨우칠 뿐만 아니라, 같은 견지에서 이성적인 모든 존재의 유일한 목표가 무엇인지 제시해주니까요.

— 어니스트 캠벨 모스너,『데이비드 흄의 생애』중

흄의 여러 글을 보면 그가 학식과 지성을 갖춘 여성을 존중했다는 것을 알 수 있다. 「사랑과 결혼에 관하여」라는 평론에서 그는 "같은 몸을 지닌 남성과 여성 간에 모든 일이 동등하게 이루어진다면" 좋을 것이라는 바람을 피력했다. 그러나 흄이 말하는 동등함은 동일함을 의미하지 않는다. 흄은 여성의 강점이 남성의 강점과 다르다고 생각했다. 이 때문에 때로는 여성들이 우월할 때도 있다. "감수성과 교육 수준을 갖춘 여성은 같은 정도의 이해력을 가진 남성보다 우아한 글을 훨씬 더 잘 판단한다"라는 것이다.

그러나 흄이 남녀가 다르지만 동등하다 생각했다고 보는 것은 지나치게 후한 평가다. 그는 『인성론』에서 남성보다 연민을 많이 보이는 여성의 성향을 두고 "여자들은 칼집에서 나온 칼을 보기만 해도 실신한다. 슬픔이나 고통에 빠진 사람들은 아무다 다 이들의 동정의 대상이 된다"라고 주장했다. 그는 이러한 연민을 여성과 아동이 공통적으로 가지고 있는 "병약함"의 징표라고 보았기 때문에 남성이 더 강하고 우월하다고 생각했던 것이 분명하다. 그의 한 평론에는 아예 노골적인 차별이 등장한다. "자연은 남성의 육신과 정신을 더 강하게 만듦으로써 남성에게 여성보다 큰 우위를 부여했다."

그의 글을 읽다 보면 결국 자신이 살았던 시대에 일어났던 관습의 변화를 최대한 반영하고 있을 뿐이라는 것을 알 수 있다. 그는 틀림없이 당대의 가부장적 가치를 지지했다. 가부장적 태도가 사회적 구성물이 아니라 생래적이라고 생각했다. 인간은 아내보다 남편에게 주목하는 성향이 있다거나, "자식은 어머니의 생각보다 아버지의 생각을 닮아가는 경향이 더 크다"라는 식의 사례를 덧붙인 것은 분명 잘못된 편견이다. **"철학자가 되어라. 그러나 철학 중에서 가장 중요한 것은 인간이 되는 것이다."** 이 구절을 과거와 현재의 남성 철학자들에 대한 경고로 살짝 바꾸면 다음의 금언이 될 것 같다. **그는 철학자일 수 있다. 그러나 그의 모든 철학을 인정한다 치더라도 그는 여전히 남자다.**

허트포드 경과 수행단은 1763년 10월 13일에 런던을 떠났다. 파리에 도착한 흄은 과할 정도의 환대를 받았다. 파리에서 사흘, 그리고 파리에서 남동쪽으로 65킬로미터 정도 떨어진 퐁텐블로의 궁정에서 머물던 흄은 애덤 퍼거슨에게 보낸 편지에서 자부심과 당혹감이 섞인 심정을 토로했다. "여기 사람들은 왕족이나 아랫사람들이나 하나같이 온갖 미사어구를 동원해 내가 세계 최고의 천재라는 사실을 설득하려고 드는 것 같다네." 흄은 이러한 환대가 싫지 않았지만, 모스너가 말한바 소위 "무분별한 아첨"이 쌓여가는 분위기와 온갖 사교 모임의 빽빽한 일정 때문에 힘들어했다. 1764년 3월, 흄은 드디어 후회했다. "애초부터 지나치게 많은 각양각색의 사교 모임에 마구잡이로 휘말렸다. 그러다 보니 원하는 친교만 유지하기가 어려워졌다. 엄선한 친교가 없다면 진정한 즐거움이란 불가능하다."

하지만 곧이어 프랑스 생활의 균형추는 즐거움 쪽으로 기우는 듯했다. 그는 자신이 유쾌하게 어울릴 수 있는 사람들로 사교의 범위를 좁히고 "어리석고 낯선 찬탄"을 멀리하는 데 가까스로 성공했다. 결과는 대만족이었다. "공적인 업무 능력과 학식이 깊은 사람들, 거물들, 특히 숙녀들과의 친교로 내 삶은 충만하다."

그가 보기에는 파리야말로 "예술과 예절과 여성을 상대로 한 친절, 그리고 바람직한 친교의 중심지"였다. 파리의 지적인 친교가 그에게 주었던 즐거움의 대부분은 살롱에서 비롯된 것이었다. 모스너는 살롱이라는 독특한 풍습과 미덕을 낭만적이고 매혹적으로 묘사했다.

> 살롱에서는 누구나 요란하지 않고 우아하게 무엇이든 배운다고 여겼다. 예술이나 지식이나 사회적인 측면 모두에서 누구나 동등한 대접을 받았다. 태생적 귀족들은 재능의 귀족에게 머리를 조아렸다. 재능을 후원하는 것이야말로 부와 지위를 타고난 자들의 특권이었다.
>
> — 어니스트 캠벨 모스너, 『데이비드 흄의 생애』 중

흄의 기질에 이보다 더 어울리는 환경을 상상할 수 있을까? 앞에서도 말했지만 살롱을 운영하는 주인은 여성이었다. 흄은 부플레 부인의 살롱뿐만 아니라 조프랭 부인, 데팡 부인 그리고 쥘리 레스피나스의 살롱에도 드나들었다. 이들은 모두 흄의 표현대로 "서른을 넘긴" 성숙한 여성들이었고, "분별력과 지성을 갖추고" 있었다.

조프랭 부인의 살롱이 있었던 곳

살롱의 역사적 의의에 비해 오늘날 그 흔적을 알리려는 노력은 거의 없다. 파리 생오노레가 374번지에 있었던 조프랭 부인의 살롱만이 그나마 표식이 남아 있는 곳이다. 이 살롱에는 볼테르를 비롯하여 샤를 루이 드 세콩다 몽테스키외, 장 르 롱 달랑베르, 드니 디드로 같은 당대 걸출한 지적 엘리트들이 드나들었다.

이들은 남성 전용 모임에서 나타날 수 있는 외설과 천박함을 용인하지 않았다.

그렇다고 해서 이들이 전통이 여성에게 요구하는 정숙함과 순수함이라는 미덕의 모범을 보인 것은 아니다. 이들은 사회가 요구하는 조신한 귀부인 역할을 거부하는 행태를 군이 숨기지 않았다. 레스피나스는 흄이 가장 좋아했던 계몽주의자인 장 르 롱 달랑베르의 정부가 되었다. 부플레 부인도 공공연히 전통적인 관습을 거부했다. 장자크 루소는 『고백록』에 부플레 부인이 가당치도 않게 자신에게 접근했을 뿐만 아니라 사적인 편지는 더욱 노골적이었다는 암시를 남겨놓았다. 당시 부플레 부인은 남편과 떨어져서 자신보다 일곱 살 많은 프랑스 왕실의 콩티 왕자의 정부로 지내고 있기는 했다.

흄은 부플레 부인의 열성 추종자가 되었다. 그래서인지 많은 이들이 흄이 부플레 부인과 "절절 끓는 연애에 빠졌다"라는 베르델린 부인의 말을 수긍했다. 정확히 어떤 열정이 흄의 가슴 속에서 들끓었는지 정확히 알 수는 없지만 그의 편지 속에는 분명 부플레 부인에 대한 애정으로 끓어넘친다. 그러나 시간이 지나면서 열정은 식었다. 흄은 이 여인과 평생 우정을 유지했지만 편지 속 열정은 되살아나지 않았다.

살롱의 역사적 중요성을 생각하면 이들이 활동했던 곳을 알리려는 복원 노력이 거의 없었다는 데 적잖이 놀라게 된다. 생오노레가 374번지에 있는 조프랭 부인의 살롱만이 그나마 표식이 남아 있는 곳이다. 빛바랜 구리 명판에는 조프랭 부인의 살롱이 "생오노레가의 왕국"으로 통했다는 사실이 언급되어 있다. 지금은 개조를 거쳐 여러 사무실이 세 들어 있는 이 살롱에는 베르나르 르 보비에 퐁트넬, 샤를 루이 드 세콩다 몽테스키외, 볼테르, 그림 남작, 달랑베르, 클로드 아드리앵 엘베시우스, 장 프랑수아 마르몽텔, 폴 앙리 디트리히 돌바크, 드니 디드로 같은 이들이 드나들었다.

심리학적 통찰의 대가

오늘날 남아 있지 않은 또 다른 계몽주의의 현장은 콩티 왕자의 파리 저택이다. 템플기사단이 지은 중세 요새인 탕플이 그 저택이다. 오래전에 헐린 탕플이 있던 부지는 1853년 파리 시장이 도시를 대대적으로 개조하면서 조성한 수많은 광장 중 하나로 바뀌었다. 탕플광장은 오늘날 녹음이 우거진 평화로운 휴식처이지만, 프랑스의 사상사에서 그곳이 차지했던 역할만큼은 인정받지 못하고 있다.

탕플 지구를 돌아다니다 알게 된 흥미로운 사실 중 하나는 이곳에 심리 치료사들이 많이 살았다는 것이다. 흄 또한 많은 면에서 훌륭한 심리학자였다. 그러니 이 점에서만큼은 최소한 그의 유산이 이곳에 남아 있는 셈이다. 흄의 심리학적 통찰은 본격적이라기보다는 거의 여담 같은 것이었지만, 이후 실험심리학은 그의 주장이 타당하다는 점을 입증해왔다.

가령 흄은 "최근에 행한 시도일수록 오래되어 기억에서 잊힌 시도보다 우리에게 더 많은 영향을 끼치며, 정념뿐만 아니라 판단력에도 더 큰 영향력을 발휘한다"라고 주장했는데, 이것은 최신효과라는 현상으로 판단의 오류가 일어나는 주된 원인이다. 9·11 테러가 미국인들의 기억 속에 생생히 살아있었을 때, 많은 이들은 운전이 비행보다 훨씬 더 위험한데도 불구하고 비행기를 타지 않고 자동차를 이용했다. 최근에 일어났던 재난에 대한 기억 때문에 비행에 대한 두려움이 필요 이상으로 더 크게 다가왔던 것이다. 일상생활을 예리하게 관찰하는 것 이외에는 아무것도 믿지 않은 흄의 "실험"은 훗날 통제된 환경에서 이루어지는 엄밀한 실험이 낸 결과 못지않게 훌륭한 결과를 도출했다.

이와 관련한 인지 편향 중에는 과도한 가치 폄하라는 것이 있다. 이것은 미래의 보상이 훨씬 크다 해도 즉각적인 보상을 선호하는 경향이다. 흄은 "인간의 행동에 가장 치명적인 오류를 초래하는 본성의 특징은 무엇이건 가까이 있는 것을 멀리 있는 것보다 선호하도록 하고, 우리가 대상을 그 내재적 가치보다는 그것이 처한 위치나 상황에 따라 욕망하도록 만든다"라고 주장했다. 정확히 과도한 가치 폄하를 설명하는 구절이다. 가까이 있는 것보다 멀리 있는 것이 훨씬 가치가 높다는 것을 잘 알고 있다 해도 "우리는 이러한 판단으로 행동을 조율하지 않고 정념의 유혹에 굴복한다. 정념은 무엇이건 옆에 가까이 있는 것을 선호하도록 유도한다." 강제력과 구속력을 갖춘 법과 계약이 필요한 이유가 바로 이것이다.

흄의 세 번째 탁월한 심리학적 통찰은 "인간 본성의 원리 중 우리가 자주 목격해온 현상은 인간이 **일반적인 규칙**에 크게 중독되어 있다는 것이다. 그것도 애초에 규칙이 만들어지도록 원인을 제공했던 구체적 상황을 무시하는 정도까지 이 일반론에 매달린다." 흄이 여기서 통찰한 원리는 현대 심리학의 어림짐작이라는 개념이다. 인지 작용은 상당히 인색해서 가능한 한 머리를 쓰지 않으려 한다. 따라서 인간은 특정한 상황이 닥칠 때마다 거기에 맞는 최적의 방식을 구하려고 노력을 기울이는 대신 어림짐작에 의지한다. 어림짐작의 단점은 우리가 그것이 적용되지 않는 상황에까지 적용한다는 점이다. 흄은 이러한 단점은 감내해야 하는 것이라고 생각한다. 이것은 인간의 심리뿐만 아니라 정치에서도 유용한 원리다. 정부 문제를 다룰 때 흄은 일반 규칙을 만들어 예외를 전혀 두지 않는 것이 꼭 필요하다고 주장한다. 법은 구체적 상황에 상관없이 똑같이 적용되어야 비로소 효력을 갖는다.

흄은 또한 인간이 자신의 능력을 과대평가할 뿐만 아니라, 자신에게 일어나는 사건의 원인을 우연이나 외부적 영향이 아니라 자신의 속성이나 성격에 돌리는 성향이 있다는 사실 또한 예리하게 포착해냈다. 이러한 편견을 귀인 오류라 한다. 그러나 흄은 자신의 능력을 정확히 판단하는 편이 좋기는 하지만 "두 가지 실수 중에 하나를 고르라면 장점을 과대평가하는 것이 과소평가하는 것보다 이롭다. 행운은 대개 진취적이고 과감한 자에게 호의를 보이며, 자신에 대한 긍정적 평가야말로 과감함의 가장 좋은 자양분이기 때문이다"라고 했다.

흄이 발견한 또 하나의 심리학적 통찰은 인간은 대개 자신의 지적 능력을 이용하여 기존의 편견을 합리화하는 성향이 있다는 것이다. 우리가 아무리 자신을 건전한 논쟁으로 결론을 내리는 합리적 존재라고 생각하고 싶어 해도 사실은 그 반대다. 현대 심리학의 위대한 발견 중 하나로 여겨지는 이 현상을 흄은 이미 300년 전에 꿰뚫어본 것이다. 그는 다음과 같이 말한다.

> 철학의 목적이 인간의 사고방식을 고치고 악덕을 근절하는 것이라 해도 부주의한 철학적 열정은 우리 안에 이미 자리 잡고 있는 우세한 성향을 키워주며 우리의 생각을 그쪽으로 단호히 밀어붙이는 경우가 있다. 이럴 때 철학적 사유는 타고난 기질의 편향성을 강화할 뿐이다.
>
> ― 데이비드 흄, 『인간 오성 연구』 중

흄이 천재적인 심리학 통찰을 해냈다는 사실은 그의 철학적 천재성을 인정하는 사람에게는 전혀 놀라운 일이 아니다. 심리학과 철학이 공식적으로 갈라지게 된 것은 독일의 빌헬름 분트가 1879년에 최초의 실험심리학 실험실을 취리히대학교에 세웠을 때부터다. 하지만 두 학문 간의 원만한 결별은 철학의 입장에서는 전혀 이롭지 않은 변화였다. **최상의 사유를 알려면 사유가 실제로 일어나는 방식을 알아야 한다.** 심리학 없는 철학은 배를 모는 법도 모른 채 세계일주를 하는 것과 같다.

무신론자와의 대화

파리 지식인들의 삶을 지배한 것은 여성들이 운영하던 살롱만이 아니었다. 지적 활동이 가장 풍성하게 이루어졌던 현장은 생오노레가에 있던 카페드라레장스였다. 원래 팔레루아얄광장카페로 알려져 있던 이곳은 볼테르, 디드로, 달랑베르, 루소, 마르몽텔, 벤저민 프랭클린 같은 계몽주의 사상가와 그들의 지인들이 모이던 중요한 장소였다. 1762년, 디드로가 『라모의 조카』라는 풍자소설의 첫 장면에 "날씨가 아주 춥거나 비가 오면 나는 카페드라레장스로 몸을 피한다"라는 구절을 쓰면서 이곳은 불멸의 전당으로 등극했다. 1844년 8월 26일, 카를 마르크스와 프리드리히 엥겔스가 두 번째로 만난 곳도 이 카페였다. 흄이 카페드라레장스를 방문했다는 구체적 증거는 없지만, 파리에서 그가 머물던 기간을 생각하면 지식인들이 정기적으로 드나들던 장소에 발을 들여놓지 않았다는 것은 말이 안 될 것 같다. 그러나 오늘날 카페드라레장스의 정확한 위치는 찾아내기 어렵다.

흄이 방문했다고 알려진 곳은 돌바크 남작의 저택이다. 매주 일요일과 목요일에 주요 지식인들이 이곳에 모여 풍성한 식사와 고급 와인을 놓고 토론을 벌였다. 영국의 문필가인 호러스 월폴은 돌바크를 "유럽의 주인장"이라 불렀다.

살롱을 열었던 곳 중 돌바크 저택은 오늘날까지 남아 있는 몇 안 되는 건물 중 하나로, 물랭가 8번지에 있다. 현재 이곳은 여러 회사의 사무실로 쓰이고 있다. 소유주는 돌바크 남작이 손님들을 맞이했던 공간임이 거의 틀림없는 곳을 내게 두루 구경시켜주었다.

이 저택의 구조는 전형적인 18세기 식이다. 천장이 높은 층은 손님 접대용으로 사용되었을 것이다. 여기에는 작지만 우아한 방 세

'유럽의 주인장'이라고 불린 폴 앙리 디트리히 돌바크 남작(1723~1789)

살롱의 주인은 대부분 여성들이었지만 드물게 남성이 주인인 경우도 있었다. 돌바크의 살롱
이 대표적이다. 살롱들 중에서도 자유롭기로 정평이 난 이곳에서는 대담한 토론이 많이 오갔
다. 돌바크는 18세기 프랑스 유물론의 대표적인 인물로, 그가 쓴 『자연의 체계』에는 유물론,
무신론, 결정론의 사상이 집약되어 있다. 종교에 대해 늘 비판적이기는 하지만 스스로 무신론
자라고 생각하지는 않았던 흄은 돌바크 살롱의 무신론자들과 종교를 두고 토론을 벌인 바 있
다.

개가 있다. 가장 큰 방에는 바닥까지 내려오는 프랑스식 창문이 달려 있고 커다란 대리석 벽난로가 있다. 이 공간이면 열두 명까지는 거뜬히 수용할 수 있지만 그 이상은 어려울 것 같다. 이 저택에서 열렸던 살롱의 분위기가 꽤 친밀했음을 보여주는 듯하다. 나머지 두 개의 방은 크기가 더 작다. 그토록 부유한 사람이 살았던 집치고는 과시나 겉치레가 전혀 없이 소박하다. 주인은 친구들과 좋은 음식과 술을 나누며 지적인 교류를 하는 것을 가장 우선시했던 듯싶다.

흄이 파리에 체류하던 당시, 바로 이 저택에서 열린 만찬 자리에서 유명한 사건이 발생했다. 디드로가 전하는 이야기를 보자. 흄은 처음에 남작과 같은 테이블에 앉아서 자신은 무신론자를 믿지 않는다고 말했다. 본 적이 없기 때문이라는 것이었다. 남작은 이렇게 대꾸했다. "여기 모인 사람들의 수를 세어보시죠. 총 열여덟 명입니다. 무신론자 열다섯 명을 한꺼번에 만나게 해드렸으니 잘됐군요. 다른 세 명은 아직 마음을 정하지 못했거든요."

이것이 훗날 '돌바크의 만찬'으로 유명해진 사건이다. 남작과 친구들은 열렬한 무신론자였고, 18세기가 끝나기 전에 유럽의 기독교가 폐지될 것이라고 믿었다. 흄은 회의론자였지만 스스로 무신론자라고 생각하지는 않았다. 그에게 무신론은 지나치게 독단적인 입장이었기 때문이다.

흄은 이 무신론자들 사이에서 여러모로 마음이 편치 않았다. 바다 건너 자신의 나라에서는 종교를 믿지 않는다고 욕을 먹던 그가 파리에서는 믿는다고 조롱을 당했다. 흄과 이 무신론자들은 왜 의견이 달랐을까? 오늘날 흄은 많은 무신론자들의 철학적 영웅이다.

그는 분명 믿는 종교가 없었고 어떤 신도 받아들이지 않았다. 종교에 대한 그의 수많은 발언에는 지나치다 싶을 정도의 반감이 드러나 있다. 그는 "종교의 가장 중요한 원리는 두려움이다"라고 했다. 그는 종교가 길러내는 불관용을 늘 개탄했다. 그러면서 "오늘날 들끓는 종교의 편협한 질투와 시기"를, 철학이 번성하는 단초를 마련해주었던 고대 그리스와 로마의 "자유와 관용"과 비교하면서 종교를 비판했다. 어떤 편지에서는 아예 노골적으로 신을 모독하기까지 했다. 이 정도로 기독교를 혐오했던 그가 무신론자라는 칭호를 거부한 이유는 도대체 무엇일까?

그 이유를 알려면 종교에 관해 그가 쓴 글을 보아야 한다. 그러나 먼저 그의 글을 역사적 맥락 속에 위치시킬 필요가 있다. 1727년, 흄이 열여섯 살이었을 당시 스코틀랜드에서는 마녀로 유죄 판결을 받은 마지막 여성이 산 채로 화형을 당했다. 죄목은 딸을 악마에게 타고 갈 조랑말로 바꾼 것이었다. 흄은 그로부터 50년 후인 1777년에야 다음과 같은 글을 쓸 수 있었다.

지난 50년 동안 인간의 사유에 돌연 합리적인 변화가 일어났다. 지식이 발전하고 자유가 향상된 덕이다. 대부분의 사람들은 스코틀랜드에서 이름과 권위에 대한 모든 미신적 숭배를 벗어버렸다. 성직자들은 신뢰를 잃었다. 그들의 허식과 교리는 조롱의 대상이 되었다. 종교는 이제 세상에서 자신을 지탱할 수조차 없게 되었다. 왕은 이름만으로 존경받지 못한다. 왕을 신이 보낸 지상의 대리자로 부르는 등 그에게 온갖 숭고한 자격을 부여하는 것은 과거에는 사람

돌바크의 살롱이 열렸던 곳

이곳에서는 매주 두 차례 지식인들이 모여 좋은 음식과 술을 나누며 토론을 벌였다. 살롱을 열었던 곳은 현재 파리 물랭가 8번지에 있는데, 부유했던 사람의 집치고는 과시나 겉치레가 없어 지적인 교류를 우선시했음을 엿볼 수 있다.

들의 눈을 부시게 했을지 모르나, 오늘날에는 비웃음만 살 뿐이다.

— 데이비드 흄, 『도덕, 정치, 문학에 관한 평론』 중

흄은 이러한 진전을 분명 긍정적으로 평가했다. 그렇다고 그가 종교 자체의 쇠퇴를 고소해한 것으로 오해해서는 안 된다. 그의 일관된 표적은 종교 자체가 아니라 종교 내의 미신과 광신이었다. 미신은 주로 로마 가톨릭교회의 악덕으로서, 성찬 의례, 기적에 대한 광범위한 맹신, 성인을 향한 기도, 성수와 성물에 대한 숭배에 나타나 있었다. 광신은 개신교의 악덕으로서, 어떤 반론도 허용하지 않고 비국교도와 불신자를 박해하는 과도한 열의에 드러나 있었다. 흄은 한 평론에서 미신의 원인을 "허약함과 두려움과 비애"로, 광신의 원인을 "희망과 오만과 억측과 열띤 망상"이라고 규정하고서 그 뿌리가 모두 "무지"라고 보았다. 그는 미신과 광신을 혹독하게 비판했다. "늑대가 겁먹은 양떼를 괴롭히듯 미신이 비참한 인간들의 불안한 마음을 괴롭힌다"라고 한다면, "광신은 인간 사회에 가장 잔혹한 혼돈을 초래한다"라는 것이다.

그러나 흄은 종교의 다른 측면에 대해서는 그저 믿지 않았을 뿐 별다른 부정적 평가를 내리지 않았다. 그 이유는 간단했다. 종교의 주장이 진실이라고 생각할 증거가 없기 때문에 믿지 않은 것이다. 그렇다고 종교의 주장이 거짓이라는 것을 입증할 도리도 없었다. 그래서 흄은 자신을 무신론자라고 선언하지 않은 것이다. 신에 대한 가설을 세울 필요가 없다고 생각했던 수학자 피에르 시몽 라플라스처럼 흄에게도 신은 그저 쓸 데가 없는 가설일 뿐이었다.

이런 의미에서 흄은 무신론자보다는 불가지론자에 가까웠다. 하지만 무신론과 불가지론은 용어가 쓰이는 방식 때문에 오해의 여지가 있다. 이 문제를 생각하는 방식 하나는, 불가지론자에게 신의 존재는 생생하게 살아있는 문제인 반면, 무신론자에게는 그렇지 않다고 보는 것이다. 흄이 무신론을 받아들이지 않은 것은 이 때문이다.

흄이 무신론을 수용하지 않으려 했던 이유에 전략적인 측면이 있었다 해도(그는 자신을 무신론자로 선언하지 않아도 이미 불신자라는 평판으로 충분히 고통받았다) 그의 견해는 대개 원칙에 입각한 것이었다. 흄은 무신론이라는 강경 노선을 취하기에는 지나칠 만큼 이성적이고 회의적이었지만, 또 한편으로는 교회의 말을 덜컥 믿어버리는 사람들을 미워하기에는 인간의 어리석음을 잘 알고 있었고 그러한 결함에 관대했다. 그는 성직자라 하더라도 관대한 이들에게는 친절했다. 흄이 사망한 지 몇 년 후 칼라일은 이렇게 증언했다.

> 흄은 젊은 성직자들과 잘 어울렸다. 그들이 자신의 견해를 받아들이도록 하려는 목적에서가 아니었다. 그는 누구건 다른 사람의 원칙을 뒤바꾸려 한 적이 없다. 그기 성직자들에게 친절할 수 있었던 것은, 그들이 자신의 생각을 잘 이해했고 그들과 학문적인 대화를 나눌 수 있었기 때문이다.
> — 어니스트 캠벨 모스너, 『데이비드 흄의 생애』 중

흄과 교유했던 성직자 친구들로는 휴 블레어, 존 홈, 허트포드 경 등이 있다. 유명한 소설가이자 성직자였던 로런스 스턴은 1764년

파리를 방문하던 중 흄을 만났고, 거기서 두 사람의 의견이 충돌했다는 소문이 떠돌았다. 스턴은 진지한 태도로 소문을 부인했다. "데이비드가 누군가와 불쾌한 언쟁을 벌였다는 말 자체가 내게는 믿기지 않는다. 내 인생에서 흄만큼 차분하고 온순한 성정을 가진 사람은 만난 적이 없기 때문이다."

관대한 온건파 종교인들을 존중하고 그들과 좋은 관계를 맺으려 했던 흄의 의지는 오늘날 일부 무신론자들에게 '타협주의'라는 비판을 받는다. 온건파를 진지하게 대함으로써 종교를 정당화할 구실을 마련해주고, 이것은 곧 극단주의자들이 극성을 부릴 무대만 만들어준다는 논리다. 하지만 이러한 견해는 '적의 친구는 나의 적'이라거나 '당신은 우리 편이거나 적의 편 둘 중 하나다'는 흑백논리나 다름없다.

흄이 이러한 위험을 몰랐던 것 같지는 않다. 종교가 아무리 관대해져도 극단주의자들은 늘 있기 마련이라고 말한 것을 보면 말이다.

종교에 신성함을 부여하는 언어상의 규정이 아무리 숭고하다 해도 어느 종교건 그것을 믿는 많은 이들은 여전히 신의 가호를 청할 때 완벽한 존재가 오롯이 수용할 수 있는 미덕과 도덕 대신, 하찮은 계율 준수나 무절제한 열의와 황홀경 혹은 터무니없는 신비주의에 대한 믿음에 기대는 법이다.
— 어니스트 캠벨 모스너, 『데이비드 흄의 생애』 중

그러나 이러한 비판에도 불구하고 흄은 모든 종교를 극렬히 반대

종교의 병폐

흄은 종교를 믿지 않았고 때로는 노골적으로 신을 모독하기까지 했지만, 그가 겨냥한 것은 종교 자체가 아니라 미신과 광기였다. 그는 미신과 광기가 모두 무지에서 비롯된다고 보았다. 그는 종교에 대해서는 불가지론의 입장을 취했지만, 평생 동안 많은 성직자들과 온건하고 편안한 교분을 나누었다. 이 그림은 18세기 영국의 풍자화가 윌리엄 호가스가 그린 〈경신, 미신, 광기〉라는 작품이다.

해야 한다는 결론으로 치닫지 않았다. 흄이 보여준 이러한 태도를 정리하면 다음과 같다. **불관용으로 불관용을 대하지 말고, 세속의 광신으로 종교의 광신을 막으려 하지 말라.**

신이라는 신비

종교에 대한 흄의 견해를 가장 잘 표현한 구절은 그의 저서 『자연종교에 관한 대화』에 나온다. 이 책은 흄 생전에 출간되지 못했다. 많은 친구들이 이 책을 읽었고, 흄이 전하는 바에 의하면 그중 일부는 "내가 쓴 책 중 최고라고 추켜세우기는 했지만" 말이다. 출간을 강하게 만류했던 이들 중 한 사람인 정치가 길버트 엘리엇에게 흄이 쓴 짓궂은 편지를 보자. "책을 출간하지 말라니, 자네의 마음속에는 스튜어트왕조보다 더 지독하고 포악한 압제자가 들어앉아 있는 것이 아닌가?"

흄은 자신이 죽은 다음 책이 꼭 출간되도록 하려고 애를 썼다. 애덤 스미스가 출간을 맡아주기를 바랐지만 그는 거절했다. 자신에게 큰 곤란이 닥칠까 우려해서였다. 결국 흄은 출판업자 윌리엄 스트래헌에게 일을 맡겼다. 자신이 죽고 나서 2년 반 뒤에도 책을 출간하지 않을 경우에는 조카 데이비드에게 원고를 돌려주어 책임을 맡긴다는 조건이 붙었다.

꽤 오랫동안 학계에서는 흄의 신중함이 지나쳤다고 말한다. 어차피 그는 이미 1757년에 「종교의 자연사」를 『네 편의 논설』의 일부로 출간한 적이 있었고, 이로 인해 이미 얻은 악명이 더 심해진 것도 아니었다. 어떤 의미에서는 「종교의 자연사」가 종교의 발전을 인간의 창조물로 간주했다는 점에서 오히려 더 대담한 내용을 담고 있다.

「종교의 자연사」는 비판을 받았지만 흄에게 고초를 안길 정도는 아니었고, 『자연종교에 관한 대화』가 마침내 출간되었을 때도 큰 문제는 없었다는 것이 통설이다. 오늘날 흄의 『자연종교에 관한 대화』는 종교를 열렬히 비판하기는커녕 오히려 존중한 것으로 유명하다. 흄의 목적은 "적들이 허튼소리를 지껄이게 하는 (…) 천박한 오류"를 피하는 것이었다. 대화는 팜필로스가 친구인 헤르미포스에게 보낸 기록의 형식으로 되어 있다.

흄은 불합리한 미신과 광신이 보이는 곳마다 비판적인 의견을 제시하려 애썼지만, 신앙이 있든 없든 합리적인 사람들이 공유할 수 있는 기반을 찾는 일에도 열중했다. 가령 그는 『자연종교에 관한 대화』의 등장인물 중 하나인 필로로 하여금 이렇게 말하게 한다.

> 유신론자는 태초의 지적 능력이 인간의 이성과 아주 다르다는 것 정도는 인정하고 있고, 무신론자 또한 태초의 질서가 인간의 이성과 희미하게나마 유사하다는 것 정도는 인정합니다. 그런데도 여러분은 그게 어느 정도인지 논쟁을 벌이며 정확한 의미나 확실한 진실도 찾을 수 없는 말싸움을 벌이겠습니까?
> — 데이비드 흄, 『자연종교에 관한 대화』 중

합리적인 신앙인은 창조주의 본질이 인간이 이해할 수 없는 신비라는 것을 받아들여야 하고, 무신론자는 우주가 창조와 일부 관련이 있다는 것을 받아들여야 한다. 그렇다면 신앙인이건 무신론자건 둘 다 결국은 아는 것이 없는 상태에 놓이며, 우주가 창조되었다 하더라도 우주의 창조주에 관해서는 의미 있는 말을 전혀 할 수 없게 된다. 흄의 전략은 **사람들의 의견이 크게 갈릴 때는 제한된 지식을 기반으로 한 차이보다는 무지라는 공통점에 주목하라는 것이었다.**

마치 흄이 유신론을 대체할 만한 것으로 당시 가장 인기를 끌던 이신론을 따르는 것처럼 보일 수도 있다. 볼테르, 피에르 벨, 몽테스키외, 루소, 토머스 페인, 프랭클린은 모두 이신론자들이었다. 이들은 성스러운 창조자인 신이 있다고 생각했지만 그 신은 인간사에 관여하지 않으며, 인간은 그 성질을 알 수도 없다고 보았다. 흄의 화신인 필로가 생각하기에 이러한 신은 유신론자와 무신론자가 신에 대해 올바른 견해를 가지고 있다면 둘 다 동의할 만한 신의 모습에 가까울 수 있다.

흄이 합리적인 신앙인들을 이신론자로 만들려 하는 듯한 시도는 또 있다. 1743년에 쓴 한 편지에서 그는 "가장 완전한 속성들을" 소유한 신은 "정념이나 애정의 대상으로" 자연스럽지 않다고 주장했다. 애정을 느끼려면 동일한 감정을 느끼고 있다는 공감이 필요하기 때문이다. 그러나 신은 "눈에 보이지도 않고 이해할 수도 없는 존재"이므로 인간의 이해 범위를 넘어선다. 신을 애정의 대상으로 만드는 유일한 방법은 "신을 인간과 닮은 것으로 비하"하는 것뿐인데, 이러한 취급은 신성모독이다.

하지만 흄은 이신론자가 아니었다. 이신론자라도 되려면 신의 속성에 관해 우리가 근거를 가지고 있는 것 이상으로 더 많은 이야기를 해야 하기 때문이다. 필로는 이렇게 말한다.

> 인간의 생각이라는 것은 경험을 넘어설 수 없습니다. 인간은 신의 속성과 작용을 경험한 적이 없습니다. 결론을 내리겠다고 삼단논법을 쓸 필요조차 없어요. 스스로 추론해보면 알 일입니다.
>
> ─ 데이비드 흄, 『자연종교에 관한 대화』 중

그러나 이신론자들은 신이 최소한 창조주의 속성만큼은 가지고 있다고 믿는다. 그러나 흄은 그것조차 우리가 판단할 소관이 아니라고 생각했다.

요컨대 필로의 말대로 "우리에게는 우주생성론의 체계를 정립할 만한 자료가 전혀 없다." 이러한 일반 원칙에 기반을 둔 흄의 주장 중에서 가장 강력하고 지속적인 영향력을 발휘하는 것은, 우주가 특정한 종류의 지적 설계의 산물이라는 견해에 대한 반격이다. '지적 설계론'은 정밀한 시계의 존재로부터 제작자의 존재를 추론하듯 우주의 복잡성으로부터 창조자를 추론해야 한다고 주장한다.

그러나 유비에 근거한 주장은 비교 대상이 되는 두 사례 간의 유사성이 강할 때만 신빙성이 있다. 흄은 인간이 경험한 창조자(시계제작자)와 창조주 신 간의 유사성이 지나치게 약해 타당성이 없다고 주장했다. 시계를 보고 시계공의 존재를 유추할 수 있는 것은 시계가 인간이 만든 물건이라는 것을 우리가 이미 경험을 통해 알고 있기 때문일 뿐이다. 그러나 우주를 만든 창조주라는 존재가 어떤 것

『자연종교에 관한 대화』 육필본

흄이 죽은 뒤에 출간된 『자연종교에 관한 대화』에서는 데미아, 클레안테스, 필로라는 세 명의 가상 인물이 신의 존재와 참된 종교의 토대에 대해 논쟁을 벌인다. 데미아는 기적과 예언의 근거로 신의 존재를 옹호하고, 클레안테스는 이성에 대한 신뢰를 바탕으로 추리를 통해 자연으로부터 신에 대한 지식을 획득할 수 있다고 보았으며, 필로는 신의 본성과 종교에 관해 철저히 부정적인 입장을 취하면서도 신의 존재에 대해서는 의심을 제기하지 않는다. 각각 계시종교, 자연종교, 온건한 회의주의를 대변하는데, 전체적으로 보면 흄의 화신인 필로에게 공감하는 쪽으로 기운다.

인지 알려주는 경험은 인간에게 없다.

본래의 우주와 우리가 실제로 이해하는 우주 간에 그래도 유비 관계를 만들자면, "세상은 시계나 베틀보다는 동물이나 식물과 더 닮아 있다"라고 필로가 말한다. "따라서 세상을 만든 원인은 동물이나 식물을 만든 원인과 닮았을 개연성이 더 크다. 동식물의 원인은 생장이나 발생이며, 따라서 세상을 만든 원인도 그와 유사하거나 비슷한 것이라고 추론할 수 있다."

사실 우리는 우주에 원인이라는 것이 실제로 존재하는지조차 모른다. 유신론자들조차 신만큼은 필연적인 존재이기 때문에 그 어떤 원인도 없다고 주장한다. 그렇다면 "물리적 세계 역시 필연적 존재라고 생각하면 안 될 이유가 무엇인가?" 우주에 원인이 있다고 생각할 이유가 충분하다는 것을 인정한다 해도 사실 우리는 그것에 관해 할 말이 하나도 없다. 설사 우주에 창조자가 있다는 것을 규명할 수 있다 해도 "우주에 창조자가 존재한다는 입장 외에 그것을 확정 지을 만한 상황을 단 한 가지도 제공할 수 없고, 그렇다면 결국 상상과 가설이라는 최고의 자격만 믿고 신학의 모든 주장을 확정 지을 수밖에 없는 상황에 빠지게 된다." 신을 우주의 원인이 되는 존재로 상정하는 순간, 합리적으로 타당성을 입증할 수 없는 속성들을 그 원인에 부여해야 하는 딜레마에 빠지게 된다.

이러한 맥락에서 신을 일종의 "정신"이라고 생각하는 것도 오류다. 흄은 『자연종교에 관한 대화』에서 데미아에게 합리주의적 유신론자의 옷을 입혀 이러한 주장을 하게 했다. 데미아는 흄이 제시했던 자아 이론을 되풀이한다. "인간 영혼"은 "다양한 능력, 정념, 감정, 관념으로 이루어져 있고, 이것들이 통합되어 하나의 자아나 사람이 되지만, 이들은 서로 다르다." 반면 신의 속성은 "완전히 불변하며 단순하다." 신에게 정신이라는 것이 있다면 그것은 "행동과 감정과 관념이 서로 구분되지 않는 단일하고 불변하는 정신, 사유도 이성도 의지도 감정도 애정이나 미움도 전혀 없는 정신이며", 따라서 "한마디로 정신이라고도 할 수 없는 것"이 된다. 그러나 필로는 신이 완전하게 통일된 존재라는 데미아의 믿음조차 근거가 없다는 것을 보여준다. 인간은 신의 본성에 관해 아무것도 알 수 없기 때문이다.

흄은 이러한 관점이야말로 진정한 의미의 경건함임을 입증하려고 부단히 애썼다. 불경한 자는 무신론자가 아니라, 신의 속성을 안다고 만용을 부림으로써 그 위대함과 신비를 부정하는 자다. 이 악덕의 가장 대표적인 사례는 인간의 형상을 따라 신을 추정하는 신인동형론이다. 필로의 주장에 따르면, "신을 이해할 수 있고 파악할 수 있는 존재, 인간의 정신과 유사한 존재로 재현하는 것이야말로 인간 스스로를 우주 전체의 모델로 삼는, 가장 심각한 편파성의 죄악을 저지르는 것이다."

신에게 인간과 비슷한 특징을 부여하는 것에 대한 비판은 필로가 신을 전지전능하고 완전하며 선한 존재로 보는 시각을 공격할 때 극명하게 드러난다. 이런 시각 역시 흄이 보기에는 또 하나의 신인동형론이다. 여기에는 일관성도 없다는 것이 흄의 생각이다.

신이 악을 막을 의지는 있는데 능력은 없다고? 그렇다면 신은 무능하다. 반면 신이 악을 막을 능력은 있는데 의지가 없다고? 그렇다면 신은 악하다. 신에게 악을 막을 의지도 있고 능력도 있다고? 그렇다면 그 많은 악은 다 어디서 온다는 말인가?

— 데이비드 흄, 『자연종교에 관한 대화』 중

이것이 바로 유명한 '악의 문제'다. 고통으로 가득 찬 세상을 본 사람이라면 선한 신이 세상을 만들었다는 결론을 내리지 못한다는 것이 흄의 입장이다.

흄의 종교적 회의론은 지극히 심오한 곳까지 파고든다. 인간은 존재의 궁극적 원인에 대해 아무것도 알지 못한다. 이 점에서 그는 당대의 이신론자들로부터 거리를 둘 뿐만 아니라, 오늘날의 무신론자들과도 상당히 다른 입장에 서 있다. 현대의 무신론은 대개 자연주의다. 즉 존재하는 것은 자연계뿐이라는 것이다. 과학이 기술하는 것들이 존재하는 것의 전부다. 사랑이나 아름다움처럼 물리나 화학에서 발견되지 않은 성질을 가진 것이 여기서 생겨날 수 있지만, 존재하는 것 중 물질로 이루어지지 않는 것은 하나도 없다.

흄 역시 많은 면에서 훌륭한 자연주의자였다. 기적을 반대하는 그의 논증은 초자연적인 원인보다 자연적인 원인이 믿어야 할 근거가 항상 더 많다는 생각에 바탕을 두고 있다. 그는 미신 역시 같은 이유로 반대했다. 본질상 미신은 특정 현상의 원인을 초자연적인 힘에 두기 때문이다. 그러나 진정한 자연주의자는 자연철학 혹은 우리가 과학이라고 부르는 것이 말할 수 있는 것에 한계가 있다는 점을 받아들여야 한다. 과학은 아직 한참 미숙하고 불완전하기 때문에 "우주의 형성처럼 새로운 미지의 상황에서 어떤 새로운 원리들이 과학으로 작동하게 될지 엄청난 만용을 부리지 않고는 확실히 알 수 없다."

무신론을 받아들이지 않으려는 태도에서 알 수 있듯이 흄은 자연계가 **존재하는 전부**라고 주장하는 입장까지 나아가지는 않았다. 오히려 자연계는 존재하는 전부가 아니라 **우리가 아는 전부**다. 그러므로 우리는 믿는 것의 범위를 아는 것에 국한해야 한다. 무엇인가가 있다 해도 알지 못할 바에야 불가지론을 견지하라는 뜻이다.

우주라는 거대한 체계에서 인간이 발견하는 것은 찰나 같은 시간 동안의 극히 작은 부분뿐이다. 이러한 제약 아래에서 우주 전체의 기원에 관해 어떻게 확실하게 말할 수 있다는 말인가?

— 데이비드 흄, 『자연종교에 관한 대화』 중

결국 실재의 궁극적 성질에 관해 함부로 판단을 내리지 않는다는 의미에서 흄은 형이상학적 불가지론자인 셈이다. 훗날 비트겐슈타

형이상학적 불가지론

오늘날 흄은 무신론자들의 영웅으로 여겨지지만, 사실 그는 무신론을 받아들이지 않았다. 그가 보기에 무신론은 지나치게 독단적 입장이었다. 또한 유신론을 대체할 만한 것으로 당시 지식인들 사이에서 인기를 끌었던 이신론을 따르지도 않았다. 신의 속성과 작용은 경험 너머의 일로, 우리가 판단할 소관이 아니라고 보았기 때문이다. 결국 흄은 존재의 궁극적 실재에 대해서 판단을 내리지 않는 불가지론의 입장에 서 있었다. 훗날 루트비히 비트겐슈타인도 같은 결론을 내렸다. "말할 수 없는 것에 대해서는 침묵하라."

인도 『논리 철학 논고』에서 같은 결론을 내렸다. **"말할 수 없는 것에 관해서는 입을 다물라."**

흄은 종교에 아무런 반감이 없었으므로 그것의 가치를 인정해야 할 때는 망설이지 않고 긍정적인 평가를 내렸다. 무엇보다 놀라운 점은 그가 광신의 해악을 비판하는 견해를 가지고 있었음에도 불구하고 역사서에서는 광신이 기여한 바를 인정했다는 것이다. 적어도 튜더왕조와 스튜어트왕조 때는 종교적 광신이 절대 군주정에 대한 저항을 부채질했고, 결국 시민의 자유라는 명분을 지킬 수 있도록 상황을 진전시켰다는 것이다. 더더욱 놀라운 사실은 흄이 헌법상의 특별한 역할을 수행하도록 보호받고 있던 영국국교회에 대해 우호적이었다는 점이다. 그는 국교회가 없으면 상이한 종교나 교파가 추종자를 끌어들이기 위해 경합을 벌일 것이고, 그렇게 되면 극단주의와 광신이 횡행하게 되리라는 점을 근거로 들었다.

이러한 중용은 계몽주의자들의 방식이 아니었다. 흄과 계몽주의자들 간의 근본적 차이점을 곰곰이 생각하다 보면 두 번째 프랑스 체류 당시 흄이 보인 가장 기이한 태도 하나를 이해할 수 있다. 해리스가 지적한 바대로, 허트포드 경의 수행 직무를 수락한 흄의 결정은 어떤 의미에서 그의 저술 경력이 끝나는 결과를 가져왔다. 남은 13년의 세월 동안 흄이 쓴 것이라고는 약간의 소소한 글뿐이었다. 그는 파리에서 새로운 글을 쓸 수 있는 영감을 전혀 받지 못했다. 당시의 프랑스에 넘쳐나던 지적 활기를 생각하면 이해하기 힘든 일이다. 그토록 많은 위대한 지성인들이 살고 있는 파리야말로 사상가에게 새로운 영감을 불어넣는 현장이 아닐까? 하지만 흄은 파리의 지성인들에게서 어떤 참신한 지적 자극도 받지 못했다. 앞서 프랑스 계몽주의가 스코틀랜드 계몽주의에 준 것이 있다면 그것은 훨씬 더 차분하고 합리적이며 인도적인 형태를 띠었다. 스코틀랜드에는 공포정치도, 단두대도 없었다. 만일 흄이 프랑스 철학자들에게 배운 것이 있다면 그것은 충분한 단련을 거치지 않은 자유로운 사고야말로 경계해야 할 위험이라는 점이었을 것이다.

문인이 누릴 수 있는 가장 사치스러운 곳

철학적 순례길을 떠난 나로서는 오늘날의 파리가 묽은 죽처럼 맛이 없다. 파리에 체류했던 흄은 여러 곳에 거처를 정해 지냈지만, 오늘날 그곳들을 가본다 해도 접근이 영 쉽지 않다. 심지어 어떤 현장은 이 위대한 스코틀랜드인이 그곳에 살았다는 사실조차 모르고 있다. 허트포드 경과 수행단은 처음에는 생도미니크가에 있는 그랑베르그호텔에 머물렀고, 나중에는 오늘날 유니버시테가 3번지에 있는 보프로호텔에, 그다음에는 콜롱비에가에 있는 파크루아얄호텔에 머물렀다. 하지만 오늘날 이 역사적 사실의 증거는 남아 있지 않다.

그래도 꽤 많은 것이 남아 있는 곳이 한 곳 있었다. 브랑카호텔이다. 이곳은 1764년 3월부터 영국대사관저로 쓰였고, 흄은 이 호텔에서 따로 방을 썼다. 이곳은 현재 유니버시테가 126~128번지에 있으며, 프랑스 국민의회장 관저로 쓰이고 있어서 안으로 들어가려면 국회의원을 통해 약속을 잡아야 한다. 나는 프랑스 동료 학자들의 도움과 국민의회 의장 비서실장의 협조 덕에 그곳을 둘러볼 수 있었다.

그곳은 "문인이 누릴 수 있었던 가장 사치스러운 곳이었다"라는 모스너의 주장을 실감하게 했다. 이 호텔은 1726년에서 1730년 사이 라세 후작을 위해 건축되었다. 1750년 라세가 죽자 호텔은 후작의 종손녀와 결혼한 브랑카 가문의 소유로 넘어갔다. 흄은 이 무렵에 허트포드 경과 함께 이곳에 머물렀다. 훗날 건물은 부르봉 공작 부인의 손자인 콩데 왕자에게 팔렸고, 그다음에는 1792년 혁명 당시 프랑스 정부에 몰수당했다. 그 이후 1815년부터 1843년까지 콩데의 집으로 복구되었을 때를 제외하고 이 건물은 계속 국가 재산으로 남아 있다.

원래 단층으로 지어진 건물(지하에는 하인들의 방이 있었다)은 이탈리아식으로 지어졌고, 2층은 흄이 머물렀던 시기 이후에 증축되었다. 그 당시 이곳은 파리에서도 개발이 비교적 덜된 곳이었기 때문에 시골이나 마찬가지였다. 정원은 센강 변까지 뻗어 있었다. 물론 오늘날의 정원은 분주한 케도르세가까지 고작 몇 백 미터밖에 안 된다.

밖에서 보면 건물은 가식 없는 위엄을 풍긴다. 건물 옆에는 진입로 겸 넓은 뜰이 있다. 긴 창문은 거의 바닥에 닿을 듯 내려와 있고, 작은 중앙 계단은 세 개의 현관문으로 이어진다. 그러나 안으로 들어가면 단아하고 소박한 위엄은 과시적인 분위기로 바뀐다. 입구 쪽 홀은 충분히 소박하지만 오른쪽에 위치한 도금된 큰 식당은 내부 공간을 차지하는 방 네 개처럼 현란한 장식 취향을 드러낸다. 천

흄이 머물렀던 브랑카호텔

흄은 영국 대사 허트포드 경의 비서로서 이 호텔에서 머물렀다. 오늘날 프랑스 국민의회장의 관저로 쓰이고 있지만, 당시에는 영국대사관저였다. 밖에서 보면 가식 없는 위엄을 풍기지만 안으로 들어가면 호화의 극치를 보여준다. 흄의 전기를 쓴 어니스트 캠벨 모스너는 이곳을 "문인이 누릴 수 있었던 가장 사치스러운 곳"이라고 표현했다.

장과 정교한 몰딩에는 호화로운 색이 칠해져 있고, 금박까지 씌워져 있다. 문틀과 문과 벽 아래쪽 판 장식에도 금을 썼다. 샹들리에와 거울은 호화의 극치다.

가이드는 이 건물의 역사를 대부분 알고 있었지만, 라세가 소유했다가 국가에 귀속되었던 1750년에서 1792년 사이의 기록이 없다고 했다. 따라서 그는 이곳이 영국대사관저로 쓰인 적이 있다는 사실을 전혀 모르고 있었다. 다른 사료 어디에도 흄이 묵었던 방이 어느 곳이었는지 알려주는 내용이 없다. 그나마 가능성이 가장 큰 방은 오늘날에는 출정식의 방이라 알려진 곳이다. 국민의회 의장이 일주일에 두 차례 프랑스 의회의 하원에 참가하기 전에 일종의 의식을 치르는 방이다. 한쪽 벽은 라파엘로 산치오의 유명한 회화인 〈아테네 학당〉을 모티프로 한 태피스트리가 차지하고 있다. 그림에는 고대 그리스의 위대한 철학자들이 수두룩하게 그려져 있다. 마치 과거에 한 위대한 철학자가 이 방에 묵었다는 사실을 상기시키는 듯이.

그러나 이 방은 흄이 멀리했던 미신의 현장이기도 하다. 방에 있는 의장의 탁자는 1814년 나폴레옹이 항복 문서에 서명을 했던 곳이라서 그곳에서 서명을 하면 불운이 닥친다는 미신이 퍼진 것이다. 어느 날 한 의장이 급한 나머지 미신을 깜빡 잊고 이 탁자에서 서명을 했다가 넘어져 다리뼈가 부러졌다고 한다. 무도회장으로 이어지는 문 양편에는 석상 모양의 촛대 두 개가 세워져 있다. 오른쪽에 있는 촛대가 왼쪽 것보다 더 낡았다. 의회로 출정하기 전 촛대를 문지르면 의장에게 행운이 온다는 미신 때문이다. 에든버러에 있는 흄 동상의 발을 문지르는 새 풍속이 떠오른다. 흄 동상의 발을 만지면 학자들에게 행운이 온다는 속설 탓이다. 미신을 폭로하는 데 일가견이 있는 우리의 스코틀랜드 계몽주의자가 알았다면 별일 다 보겠다며 너털웃음을 지었을 것만 같다.

프랑스를 떠날 때도 흄은 여전히 유명 인사였다. 클로드 조제프 도라라는 프랑스 작가는 흄이 등장하는, 미사여구로 점철된 시를 남겼다. 이보다 더 주목할 만한 사건은 샤를 니콜라 코신이 흄의 옆모습을 담은 초상을 그렸다는 것이다. 훗날 시몽 샤를 미거가 이 초상을 조각으로 만들었다. 흄은 여기서 진지하고 심오하면서도 차분하게 생각에 잠혀 있는 모습으로 등장한다. 살집 두둑한 두 겹의 턱을 빼놓지는 않았지만 과도하지 않다. 루이 카로 카르몽텔 역시 흄을 그렸다. 이 그림은 스코틀랜드국립초상화미술관에 보관되어 있다. 이 초상화야말로 여태껏 제작된 흄의 초상화 중 주인공을 가장 자연스럽고 정직하게 묘사한 그림이라고 생각한다.

흄은 옆으로 앉은 자세를 하고 있다. 허리는 가려져 있어 두드러지지 않는다. 그가 앉은 의자 앞에는 도금한 검은색 책상이 있다. 책상은 큰 건물이 보이는 테라스에 있다. 프랑스 귀족들이 입던, 무릎까지 내려오는 헐렁한 겉옷을 입고 흰색 스타킹에 검은색 신발, 흰 가발에 크라바트를 착용하고 있는 모습이다. 옷과 배경은 그가 어느 정도 지위 있는 남성임을 암시한다. 파리에 있을 때의 모습을 그린 것이다. 책상 위에는 원고가 비스듬히 놓여 있다. 그러나 흄은 원고가 아니라 먼 곳을 응시하고 있다. 두 손은 주머니에 넣은 채로다. 그가 무슨 일을 하고 있건 그것은 일이 아니라는 것을 강조하는 듯하다. 흄의 표정은 아리송하여 읽어내기가 어렵다. 무엇인가에 열중하고 있는 것도 아니고 그렇다고 몽상에 잠겨 있는 것 같지도 않다. 지루해하거나 뭔가에 몰입하고 있는 모습도 아니다. 그저 생각을 하고 있지만 주변 환경과 자신을 그리는 화가에게는 아무런 관심도 없다는 투다. 화가는 흄의 마음속에 어떤 생각이 있는지 전혀 보여주지 못한다. 좋은 초상화란 대상의 본질을 포착하는 그림이라고들 한다. 그렇다면 이 그림이야말로 좋은 초상화다. 흄의 외양이나 그의 주변 환경을 아무리 들여다보아도 그의 본질을 알 수 없다는 진실을 정확히 깨닫게 해준다는 점에서 말이다. 카르몽텔의 초상화는 그림이 보여주지 못하는 것에 보는 이의 시선을 집중시키는 영리한 노선을 택한 셈이다.

프랑스에서의 여정이 끝나가면서 흄의 다음 일정은 허트포드 경의 아일랜드행을 수행하는 것이었다. 그러나 흄은 그 일에 전혀 뜻이 없었다. "파리를 떠나 더블린으로 간다니, 빛을 떠나 캄캄한 어둠 속으로 들어가는 것이나 다름없다." 그는 이제 스코틀랜드로 돌아가 평온한 생활을 할 준비가 되어 있는 듯해 보였다. 스코틀랜드로 돌아가면 연간 400파운드의 연금을 평생 받으며 살 수 있었다. 그토록 갈망하던 경제적 자립을 이룬 것이다. 그러나 흄이 평온하고 안락한 생활을 누리기 전 또 하나의 모험이 그를 기다리고 있었다. 그가 결코 예상조차 하지 못했던 기괴한 모험이었다.

파리에 있을 때의 흄

프랑스의 화가이자 건축가인 루이 카로 카르몽텔이 그린 이 초상화는 흄 초상화 중 가장 자연
스럽고 정직한 느낌을 느낌을 준다. 원고가 올려져 있는 책상 앞에서 프랑스 귀족들이 입던 헐
렁한 겉옷을 입고 두 손을 주머니에 넣은 채 어딘가를 응시하고 있는데, 그가 무슨 생각을 하
는지 읽어내기가 어렵다. 마치 그를 아무리 들여다보아도 그의 본질을 알 수 없다는 진실을 깨
우쳐주는 듯이 말이다.

계몽주의의 두 거장

인간의 본성 중 그 자체로나 거기서 초래되는 결과 면에서 가장 놀라운 것은 자신과 다른 타인,
심지어 자신과 정반대되는 성질을 가진 타인에게까지 공감하는 특성이며, 또한 소통을 통해
타인의 성향과 감정을 수용하는 특성이다.

— 데이비드 흄, 『인성론』 중

루소와의 만남

흄은 『나의 생애』에서 "지식과 글을 둘러싼 온갖 하찮은 말씨름을 쉽게 피했다"라고 썼다. 그는 프랑스에 머물렀던 이후에 벌어진 루소와의 사건을 기억에서 의도적으로 삭제했거나, 아니면 루소와의 논쟁이 "지식과 글을 둘러싼 말씨름"이라고 판단하지 않았거나 둘 중 하나인 듯하다.

루소는 유럽에서 가장 유명한 지식인에 속했지만 원한 또한 쉽게 사는 인물이었다. 1762년, 그는 『에밀 또는 교육에 관하여』를 파리에서 출간했는데, 이 책의 이단적 사상에 격분한 프랑스 의회가 체포령을 내리자 프랑스를 떠났다. 종교적 신앙을 옹호하면서도 어린 에밀을 올바르게 교육하려면 "이성을 올바르게 사용하여 스스로 선택할 수 있도록 수단을 마련해주어야 한다"라고 주장한 것이 화근이었다. '사부아 신부의 신앙고백'으로 악명을 떨치게 된 부분에서 실제 인물과 동일한 이름의 사부아 신부는 "지구상에 종교는 하나쁜"이라는 관념을 반박한다. 정말 세상에 종교가 하나뿐이라면 "그래서 다른 모든 종교가 영원한 형벌을 받아야 한다면, 그런데 세계의 어느 구석에 이를 의심하는 단 한 명의 정직한 인간이 있다면, 그 유일한 종교의 신은 가장 부당하고 잔인한 폭군이다"라고 주장한 것이다. 이에 루소는 고향인 스위스의 베른으로 갔지만 그곳 당국 역시 그를 쫓아냈다. 결국 그가 피난처로 삼은 곳은 뇌샤텔에서 24킬로미터가량 떨어진 모티에였다. 당시에는 프로이센왕국의 프리드리히 2세 치하에 있던 곳이다. 곧이어 그곳에서도 홀대를 당한 루소는 베른주에 속한 작은 섬인 생피에르섬으로 돌아갔다.

루소는 방랑 생활 덕에 자유사상가들 사이에서 유명 인물이 되었고, 여러 인사들이 그에게 은신처를 주겠다고 제안했다. 루소가 받아들인 것은 흄의 제안이었다. "흄은 내가 아는 가장 진실한 철학자이자 공정한 역사학자다"라는 것이 그의 평가였다. 흄 역시 루소를 존경했다. 1762년 7월, 루소에게 쓴 첫 편지에서 흄은 "몽테스키외 의장이 서거한 이후 유럽의 문인 중에서 귀하야말로 천재성과 사유의 위대함 면에서 제가 가장 존경하는 분입니다"라고 단언했다.

흄이 보기에 루소는 문필가로서도 존경할 만한 인물이었다. "루소의 글은 그저 경탄스럽다. 무엇보다 사람의 마음을 울리기 때문이다. 내가 잘못 알고 있는 것이 아니라면 루소는 프랑스어에 생동감을 부여한다. 다른 어떤 문인이 도달한 것보다 훨씬 더 강렬한 생동감이다." 그렇지만 흄은 루소의 철학적 재능에 대해서만큼은 애초부터 확신이 별로 없었다. 루소의 "적들"이 그의 글에 나타난 "심한 무절제함"을 비판하는 것을 보면 "루소가 설득보다는 자신의 독

18세기 자유사상가들의 지주였던 장 자크 루소(1712~1778)

루소는 프랑스 계몽주의를 대표하면서도 그것을 극복하려고 한 사상가다. 그는 여타의 계몽주의자들과 마찬가지로 인류의 진보와 자유의 신장을 바라면서도 이성보다는 감정, 정서, 마음 같은 것을 통해 성취하고자 했다. 그래서 그의 글들은 "마음이 마음에게 말을" 함으로써 사람의 심금을 울린다. 그러나 그의 사상은 많은 분란을 일으켰고, 이로 인해 그는 떠돌이 생활을 해야만 했다. 루소의 재능을 귀하게 여긴 흄은 그의 보호자 역할을 자처했다. 이 그림은 영국의 초상화가 앨런 램지가 그린 것이다.

창성을 과시하고 세간의 생각과 다른 생각으로 독자들을 놀라게 하려는 의도로 주제를 선택한다는 의심을 하게 된다"라고 평했던 것이다.

흄이 글을 통해 불필요한 분노를 자극하지 않기 위해 고심을 거듭한 데 반해, 루소는 오히려 글로 분노를 자초하고는 했다. 루소가 고초를 겪은 것은 대체로 '사부아 신부의 신앙고백' 때문이었고, 흄 또한 그 글을 읽은 다음 "글이 불쾌감을 유발했다는 사실은 조금도 놀랍지 않다. 루소는 자신의 감정을 숨기려 아무 노력도 기울이지 않았을 뿐만 아니라, 기존의 견해에 대한 경멸을 숨기는 짓 자체를 경멸하기 때문에 온갖 광신자들이 잔뜩 무장한 채 그를 공격하는 것은 당연하다"라고 생각했다.

그러나 흄의 의구심은 그다지 심각한 것이 아니었다. 루소를 영국으로 초청하여 안락한 은신처를 제공하고 보호자 역할을 기꺼이 맡았던 것을 보면 말이다. 결국 루소는 당국의 허가를 받아 1765년 12월 16일 파리에 도착하여 이 위대한 스코틀랜드인을 만났다. 1766년 1월 9일, 두 사람은 칼레에서 배를 타고 영국으로 향했다. 런던의 군중이 루소를 보기 위해 운집해 있었다. 루소는 환대를 받았을 뿐만 아니라 유명한 초상화가인 앨런 램지 앞에 모델로 앉았다. 이 시기 흄의 초상화도 램지가 그렸다. 루소는 흄의 주선 덕에 영국 중서부 스탠퍼드셔의 시골 마을인 우턴에 머물게 되었다. 루소가 런던을 떠나기 전 이들은 레스터광장에서 떨어진 라이얼가에 있는, 흄이 자주 이용하던 임시 거처에서 만났다. 둘의 마지막 만남이었다. 그러나 이 무렵 루소는 이미 흄을 상대로 피해망상에 시달리고 있었다. 훗날 그는 램지의 초상화도 자신의 평판을 떨어뜨리려는 음모의 일부였다고 주장했다. "그 끔찍한 초상화 속 무시무시한 외눈박이 키클롭스의 얼굴이라니." 그는 자신은 악인으로, 흄은 훨씬 더 나은 인간으로 보이게 하려는 의도가 그림에 숨겨져 있다고 의심했다. 스코틀랜드국립미술관에 걸려 있는 루소의 초상화를 보고 있으면 그가 도대체 무슨 이유로 그런 불평을 해댔는지 이해하기 어렵다. 루소는 흄보다 훨씬 더 지적으로 그려져 있다. 그의 눈길은 흄의 공허한 눈길과 달리 관람자를 단호히 응시하고 있다. 흄보다 훨씬 더 미남인 데다 아르메니아식 코트를 입고 모피 모자까지 쓴 이국의 신사가 보인다.

루소가 흄에게 불만을 품었다는 사실이 알려진 것은, 루소를 조롱했던 "프로이센 왕의" 편지가 파리에서 돌고 있다는 소식이 런던에서 발간되던 《성 제임스 크로니클》에 실렸을 때였다. 왕의 편지에는 그가 루소에게 안전한 은신처를 제안했다는 내용이 나온다. 왕은 실제로 은신처를 제공했다. 그러나 왕은 다음과 같은 말을 덧붙였다. "그대는 진정으로 위대한 인물에게 걸맞지 않은 기행으로 툭하면 세간의 소문거리가 되었다. 그대가 계속 나의 호의를 거절한다 해도 그 일을 발설하지는 않을 것이다. 새로운 불행을 찾을 방법을 계속 궁리할 심산이라면 좋을 대로 하라."

왕의 조롱은 그다지 사나운 편이 아니었지만 루소는 대단히 불쾌해했다. 신문에 "이 편지가 파리에서 날조되어 내 마음을 갈가리 찢어놓았고, 편지를 날조한 사기꾼의 공범은 영국에 있다"라고 성토하는 공개편지를 보낸 것이다. 루소가 말하는 영국의 공범이 흄이라는 것은 누구나 알 수 있었다. 사실 이 편지를 쓴 주인공은 월폴이었다. 귀족이자 미술사학자이자 휘그당의 정치가였던 월폴은 루소가 영국에 머물던 시기 파리에 있었다.

훔은 이 일을 알고도 처음에는 사태를 낙관했던 것 같다. 그는 분개하기보다 영문을 알 수 없어 어리둥절해했다. "세상에 이보다 더 이해하기 어려운 일이 있을까요?"라는 것이 그가 부플레 부인에게 쓴 편지에서 보인 반응이다.

살고 행동하고 사람들과 교류하는 데는 천재성보다는 약간의 분별력이, 극단적인 감성보다는 약간의 유머 감각이 더 바람직한 듯싶습니다.

— 어니스트 캠벨 모스너, 『데이비드 흄의 생애』 중

루소가 자신을 후원해준 흄의 인내심을 시험한 사건은 그뿐만이 아니었다. 흄은 루소가 영국 왕으로부터 1년에 100파운드의 연금을 받도록 주선했다. 루소는 처음에는 스위스인의 자부심을 걸고 연금을 거절했지만 나중에는 결국 동의했다. 대신 흄이 자기 대신 돈을 가져다준다는 조건을 내걸었다. 그러나 1766년 5월, 흄은 우턴의 집을 루소에게 빌려주었던 리처드 대번포트에게 다음과 같은 내용의 편지를 보냈다.

루소는 왕의 돈을 거절했습니다. 제게는 그 돈을 받아 오라고 했고, 콘웨이 씨에게 돈을 신청하라고 허락한 데다, 마르샬 경에게 직접 편지를 써서 돈을 받아도 된다는 동의를 얻었고, 마르샬 경의 동의를 받았다는 것을 콘웨이 씨에게 알릴 권한까지 제게 주고 나서 말입니다. 게다가 이 모든 일이 벌어지는 과정에서 루소는 왕의 선의를 이용한 것 같습니다. 콘웨이 씨와 마르샬 경, 그리고 저에게 이러한 행동에 대해 사과하지 않았고 편지 한 통도 제게 보내지 않았습니다.

— 레이먼드 클리밴스키 외 편집, 『데이비드 흄의 새로운 편지들』 중

편지를 보면 흄은 분명 화가 나 있었다. 그럼에도 그는 루소가 아무리 "괴팍한 변덕을 부리고 이상하게 군다 해도 그가 마음대로 할 수 있도록 내버려두어야 한다"라는 말로 편지를 끝맺었다.

그로부터 7주 후 흄의 관대함도 바닥이 났던 모양이다. 대번포트에게 보낸 또 다른 편지에서 그는 루소에게 한마디 말도 듣지 못했고 이제는 "이 모든 일이 사악함과 광기라는 합병증의 결과임을 깨달았습니다. 귀하가 제 마음을 아실런지 모르겠지만, 그토록 위험하고 해로운 인물과 연을 맺었다는 사실이 몹시 후회스럽습니다"라고 토로했다. 루소는 결국 직접 흄에게 편지를 보내 자신의 불만을 알리고 흄을 비난했다. 그는 자신이 흄을 철썩 같이 믿었다고 말했다. "나는 당신의 두 팔에 내 몸을 던졌소. 당신은 나를 영국으로 데려와 은신처를 주었지만 실제로는 불명예의 지옥으로 나를 밀어넣은 거요. 당신은 나를 수렁에 빠뜨리는 고귀한 일에 자원하여 마음을 다해 매진했고, 능력만큼 성공을 거두었소. 그토록 애를 쓸 필요조차 없었는데 말이오. 당신은 세상에 나가 사람들과 대화를 나

앨런 램지가 그린 흄

앨런 램지는 루소의 초상화와 함께 흄의 초상화도 그렸는데, 피해망상에 시달리고 있던 루소는 이 초상화도 자신의 평판을 떨어뜨리기 위한 음모였다고 주장했다. 램지가 자신은 악인으로, 흄은 더 나은 사람으로 보이게 했다는 것이었다. 흄은 루소의 부당한 비난에도 분노로 응대하기보다는 사람 좋은 그답게 관대한 태도를 잃지 않았다.

누지만 내가 고독 속에서 대화를 나누는 상대는 나 자신뿐이오. 사람들은 속기를 좋아하고 당신은 사람들을 속이는 일이 어울리는 인간이오. 하지만 나는 당신이 결코 속일 수 없는 한 사람을 알고 있소. 바로 당신 자신이오." 흄은 루소의 편지를 보고 믿을 수 없어했지만 차분하게 답장을 써 보냈다. "구체적인 사례 하나 없이 일방적인 주장만 난무하는 그렇게 난폭한 비난은 이해도 대답도 불가능합니다. 하지만 계속 그렇게 생각할 수만은 없습니다. 나는 그저 관대하게 생각하려 합니다. 나를 중상모략하려는 어떤 악랄한 인간이 나에 대한 거짓을 선생에게 고했다고 말입니다."

이에 대해 루소는 잔뜩 화가 나서 고함 섞인 답장을 보냈다. 무려 18쪽짜리 답장이었다. "당신이 유죄라면 내가 가장 불행한 인간일 테고, 당신이 무죄라면 나야말로 가장 죄 많은 인간일 겁니다." 루소는 자신이 가장 불행하다고 믿을 준비를 늘 하고 있었고, 흄의 말을 받아들일 생각도 전혀 없이 비난만 퍼부을 작정이었다. 그러므로 그에게 흄은 이미 유죄 선고를 받은 죄수였다.

역사는 흄에게 무죄를 선고했다. 그러나 흄은 처음 얼마간은 루소의 부당한 비난에 분노로 응대하기보다는 연민을 보였다. 그는 루소가 "고독에 빠진다는 절망적인 결정을 내렸다"라며 안타까워했고, 자신이 그를 만류하려 노력했다고도 전했다. 하지만 흄은 결국 해피엔딩이 불가능하다는 결론에 도달했다. 흄이 판단하기에 루소의 문제는 "살아온 인생 내내 오직 **감정**밖에 없었다는 것이었다." 이러한 인생을 살아온 덕에 루소는 흄이 본 사람들 중 가장 예리한 감수성을 가지게 되었지만, 그것은 "그 자신에게 즐거움보다는 극심한 고통을 안겨주었다." 흄은 루소의 감정에 진정성이 있다고 생각하면서도 그 때문에 그의 판단력이 무뎌졌다고 믿었다. "루소는 진지한 태도로 자신만의 색깔을 사용하여 자신만의 그림을 그리려 하지만, 정작 자신을 가장 몰랐다"라는 것이 흄의 진단이었다.

훗날 흄은 루소가 피해망상에 사로잡혀 일관성 하나 없는 이야기를 쏟아놓고 영국을 떠났다는 소식을 들었다. 이때도 흄은 루소에 대한 관대한 태도를 잃지 않았다. "그 가엾은 인간은 정신병자라 법적 처벌이나 시민들에 의한 응징의 대상이 될 수 없다"라고 그를 변호한 것이다. 대번포트에게는 "루소가 정말 안되었네요"라는 말을 담은 편지를 썼다. 한편 그 편지에는 "하지만 감수성이 풍부한 척하는 그의 태도를 다 믿지는 마십시오. 그는 악마처럼 거짓말을 해댑니다"라는 내용도 담겨 있다. 그럼에도 흄은 잊지 않고 화해의 여지를 남겨두었다. 루소가 "참회의 편지"를 쓰도록 독려해달라고 부탁한 것이다. 이 시절의 흄은 다음과 같은 금언에 그 어느 때보다 충실했다.

> 철학자와 역사학자는 인류의 광기와 어리석음과 사악함을 특별한 예외로 간주하지 말지어다.
> ― 레이먼드 클리밴스키 외 편집, 『데이비드 흄의 새로운 편지들』 중

이 일을 후회했건 말건 훗날 흄이 내린 결론은 "이 뜻밖의 사건 전체는 (…) 내 인생의 불행"이라는 것이었다. 하지만 그는 평정심과 연민을 회복했다. 1767년 5월, 그는 루소의 피해망상증에 관한

새로운 소식을 대번포트에게 편지로 알렸고, 그 편지에서 자신이 루소를 보호할 목적으로 프랑스에 있는 친구들에게 편지를 썼다고 했다. "루소가 분명 광기에 사로잡혔다"라고 말했음에도 불구하고, 아니 오히려 그렇게 말했기 때문에 한 일이었을 것이다. 루소에 대한 흄의 최종 판단은 애덤 스미스에게 보낸 편지에 요약되어 있다. 흄은 루소를 가리켜 "변덕과 가식과 사악함과 허영과 불안과 배은 망덕과 흉포함과 거짓말과 달변과 그리고 창의력이 뒤섞인 인물" 이라고 평했다.

이성은 정념의 노예다

흄과 루소의 갈등에는 전기적 사실 이상의 흥미로운 점이 있다. 둘의 반목이 흄의 도덕철학과 루소의 철학 간의 차이를 보여주는 꽤 훌륭한 사례인 것이다. 루소는 계몽주의자들이 이성을 숭배한다고 비판했다. 그는 감정을 훨씬 더 신뢰했다. 하지만 그가 흄과의 갈등에서 감정에 사로잡혀 이성 자체를 완전히 잃어버렸다는 사실을 생각하면 그의 이성 비판이 의심스럽지 않을 수 없다.

그런데 "이성은 정념의 노예이며, 노예여야 한다"라는 말은 가장 자주 인용되는 흄의 금언이 아닌가. 그가 루소에게 어떤 대접을 받았는지 생각하면 감정을 이성보다 우선시해야 한다는 말 역시 의심스럽기는 마찬가지다. 하지만 이 말은 얼핏 보았을 때의 의미와는 좀 다르게 해석해야 한다. 흄은 도덕이 순수한 이성에 기반을 둘 수 있다는 통념을 분명 비판했다. 「회의론자」라는 평론의 한 구절을 보자.

> 철학적 성찰은 평범한 생활에서 일어나거나 감정을 모조리 제거하기에는 지나치게 예민할 뿐만 아니라 높고 먼 곳에 떨어져 있다. 바람과 구름 저 위쪽에 있는 공기는 순도가 너무 높아 들이마시기 어렵다.
>
> — 데이비드 흄, 『도덕, 정치, 문학에 관한 평론』 중

흄은 인간 본성을 올바르게 이해하는 것만이 철학의 기반이라고 믿었기 때문에 인간의 감정—당시에는 '정념'이라고 불렀다—을 온전히 수용하지 않는 도덕철학은 무엇이건 근본적으로 건강하지 못하다는 결론을 내렸다. 인간의 행동은 대개 감정의 지배를 받기 때문에 감정을 묵살하고 이성만 쫓으라고 요구하는 것은 무익할뿐더러 생산적이지 못하다. 많은 철학이 요구하는 "엄정한 성찰"은 "인간의 악독한 정념을 줄이거나 제거할 수 없다. 악독한 정념을 줄이면 선한 감정까지 줄이거나 제거하는 결과가 초래되며, 결국 정신은 완전한 무관심과 나태의 상태에 빠지게 된다."

이러한 논리는 결국 인간의 삶을 이성만으로 지배해야 한다고 주장하는 철학은 연민이라고는 없으며, 실은 지극히 염세적인 철학이라는 결론으로 귀결되었다. 흄은 스토아학파의 말을 재연한다. "인간의 상처나 폭력에 평정을 잃을 만큼 분노하거나 증오심을 품지 말라. 원숭이가 못되게 굴었다고 악의를 품겠는가? 호랑이가 잔

인하다고 분개하겠는가?" 하지만 모든 것을 너그럽게 보는 듯한 이 스토아적인 입장은 현실에서는 "인간 본성에 대해 건전하지 못한 생각을 만들어내고 타인에 대한 애정을 없애버린다." 이것은 심지어 사람들이 자신의 악행을 판단하는 능력마저 약화시킨다. "짐승이 특정한 본능을 타고나듯 악 또한 인간의 자연스러운 본성이다"라는 말을 들어보았을 것이다.

그러나 도덕에서 감정을 제거하지 말아야 하는 주된 이유는 동류의식이야말로 도덕의 실제적 기반이기 때문이다. 흄의 생각에 도덕의 기초는 이성이 아니라 공감이다. 사람들 간의 차이에도 불구하고 공감이 가능한 것은 그들 간의 본질적 유사성 덕이다.

> 자연은 모든 인간 사이에 큰 유사성을 보존해왔고, 우리가 타인에게서 발견하는 정념이나 원리는 정도의 차이만 있을 뿐 우리 자신에게서도 발견할 수 있다.
> ― 데이비드 흄, 『인성론』 중

감정은 또한 선악 판단의 기초다. 흄은 "악하다고 여겨지는 행동, 가령 계획적인 살인의 예를 들어보자. 계획적인 살인을 모든 견지에서 검토해보고, 악이라 부를 수 있는 사실이나 존재를 찾을 수 있는지 알아보라"라고 요청한다. 그는 장담한다.

> 악이라는 사실이나 존재는 절대로 찾을 수 없다. 대신 당신의 내면으로 눈을 돌리면 찾을 수 있는 것은, 살인이라는 악행을 향해 일어

DAVID HUME AND JEAN-JACQUES ROUSSEAU IN PARIS.

스코틀랜드 의회 건물의 태피스트리에 수놓아져 있는 흄과 루소

흄은 도덕의 실제적인 기반을 타인에 대한 공감과 연민에서 찾았고, 루소에 대해서도 같은 태도를 보여주었다. 이는 인간 본성에 관해 과도하게 비관적으로 보는 입장도, 과도하게 낙관적으로 보는 입장도 지양하고자 한 그의 견해를 반영한다.

나는 반감이라는 감정뿐이다. 사실은 존재한다. 그러나 그 사실이란 이성의 대상이 아니라 감정의 대상이다. 악은 당신의 내면에 있지 대상에 있는 것이 아니다.

— 데이비드 흄, 『인성론』 중

선과 악은 행위나 대상이 아니라 그것에 대한 감정에서 발견된다. 타인의 비겁함, 불의, 자만은 우리에게 해를 끼치는 경향이 있기 때문에 우리는 그러한 성질을 보이는 이들에게 반감을 느끼고 그들을 악하다고 생각한다. 타인의 용기, 정의, 겸손은 사람들에게 이득이 되므로 우리는 그러한 성질을 보이는 이들에게 호의를 느끼고 그들을 선하다고 생각하게 된다.

여기서 주목해야 할 중요한 점은, 옳고 그른 것에 대한 판단이 판단 대상의 실제 특징에 대한 대응이라는 것이다. 흄은 도덕관념을 오감에 비유했다. "선악은 소리, 색깔, 열기, 냉기와 비슷하며, 오늘날의 철학에 따르면 선악은 대상의 성질이 아니라 정신이 지각한 것이다." 물론 우리가 대상을 차거나 뜨겁다고, 혹은 붉거나 푸르다고 지각하는 것은 당연히 대상 자체의 성질에 달려 있다. 마찬가지로 선악 또한 세상에 존재하는 대상의 성질이 아니지만 그렇다고 해서 선악 판단이 임의적으로 이루어지는 것은 아니다. 선악은 대상이 자신이나 타인에게 유용한가, 받아들일 만한가에 달려 있기 때문이다.

우리는 또한 자신에게도 도덕적 판단의 잣대를 들이댄다. 자신의 행동이 고귀하고 합당한 겸손일 때는 선한 종류의 자부심을 느끼고, 자신이 나쁜 행동을 했다는 판단이 들 때는 수치심을 느낀다. 타인의 미덕이나 악덕에 대한 판단 역시 그들의 자부심이나 수치심과 밀접한 연관이 있다. "스스로 자부심을 느끼지 못하는 미덕으로 타인에게 칭송을 받는 사람은 없다."

"이성은 정념의 노예이자 노예여야 한다"라는 말의 진정한 의미가 이제 조금씩 다가오기 시작할 것이다. 이성은 우리가 하는 행동의 목적과 결과를 달성할 수단을 산출하도록 돕는다. 아리스토텔레스는 이것을 실천이성이라 불렀다. 때로는 도구적 이성이라고도 한다. 우리의 지성을 이용하여 목표를 달성하는 최상의 방법을 산출하는 기능을 이성이 맡아서 한다. 그러나 이성만으로는 어떤 목표가 달성할 만한 가치가 있는지 알 수 없다. 그래서 흄은 다음과 같은 놀라운 말을 한다. "온 세상이 파괴되는 것보다 내 손가락 좀 긁히는 것을 더 싫어하는 것은 이성에 반하는 것이 아니다." 이성이 말해주는 것은 무엇이 논리적으로 가능하거나 불가능한지, 혹은 일관되거나 모순되었는지에 관한 것이다. 그러나 이성은 무엇이 선한지, 무엇을 해야 하는지에 대해서는 말해주지 않는다.

세상의 파멸을 바라는 것은 비논리적인 판단이 아니다. 그러한 욕망이 불가능한 것도 아니고 그러한 욕망에 모순이 있는 것도 아니기 때문이다. 세상의 파멸을 바라는 욕망이 옳지 못한 것은 그것이 생명의 안녕을 냉혹하게 무시하는 태도를 보여주기 때문이다. 따라서 세상의 파멸을 바라는 인간은 비이성적이라기보다 냉담한 것이다. 마찬가지로 자신의 이익에 반하는 행동을 하는 사람도 자멸적이지 비이성적인 것은 아니다. 이런 의미에서 자신의 이익을 추구하는 것을 '합리적 선택'으로 보는 경제학자의 생각은 합리성과 자기중심주의를 잘못 연계한 것이다.

동기를 부여하는 정념은 "잘못된 판단과 함께할 때만" 이성에 어긋난다. "그때조차도 엄밀히 말해 이성에 반하는 것은 정념이 아니라 판단이다." 이러한 불합리의 형태는 단 두 가지다. 첫 번째는 "희망이나 공포, 슬픔이나 기쁨, 절망이나 안정감 같은 정념이 실제로 존재하지 않는 대상에 대한 가정에 기초했을 때" 나타난다. 가령 존재하지 않는 삶을 바라는 것은 불합리하고, 일어나지 않은 승리를 기념하는 것 또한 불합리하다. 두 번째는 "정념이 작용할 때 목적에 맞지 않는 수단을 선택함으로써 인과 판단에서 스스로를 속이는 것이다." 이런 경우에 자신의 목적이 일관된 것인지 말해주고 그 목적을 이룰 최상의 방법을 알려줄 이성이 필요하다.

흄은 이와 관련된 명료한 사례를 『도덕 원리 연구』에 제시해놓았다. "걸인에게 자선을 베푸는 것은 당연히 칭송받는다. 가난으로 고통을 받는 이의 걱정을 덜어주는 듯 보이기 때문이다." 공감은 행동의 동기를 부여한다. 그러나 이성은 우리의 마음을 바꿀 수 있다. "자선을 통한 격려가 게으름과 방탕을 일으키는 것을 보면 자선을 미덕이 아니라 나약함이라고 판단하게 된다."

이러한 사례에서 이성과 감정이 함께 작용하는 방식은 이성이 정념의 노예라는 흄의 멋들어진 금언에 과장과 오해의 여지가 있음을 암시한다. 흄의 설명은, **감정과 이성이 완전히 별개가 아니며, 우리의 감정 중 많은 것이 이성적 판단을 포함한다**는 것이다. "정념은 판결을 선고할 때 대상을 그 자체로만 판단하는 것이 아니라 수반되는

모든 정황과 같이 검토한다"라는 것이 그의 주장이다. 가령 "다이아
몬드가 있어 행복한 사람은 눈앞에서 반짝이는 돌덩이 자체로 행복
한 것이 아니다. 그는 다이아몬드가 희귀하다는 것을 알고 있으며,
그러한 앎에서 즐거움과 의기양양함이 생겨난다. 따라서 여기에 철
학자가 개입한다. 그는 자신이 개입하지 않았더라면 우리가 알아차
리지 못했을 특정한 견해와 고려 사항과 정황을 제시한다. 철학자는
이러한 수단을 통해 특정 정념을 자극하거나 가라앉힌다."

흄이 말하려는 핵심은 우리가 대상에서 취하는 즐거움이나 기쁨
이 그것에 대해 가지고 있는 옳지 않을 수도 있는 견해에 기대고 있
다는 것이다. 이성의 역할은 사물에 대해 올바른 견해를 갖게 함으
로써 기쁨이나 혐오가 오류를 기반으로 하지 않도록 돕는 것이다.
편견을 극복할 때 이성이 중요한 이유가 바로 이 때문이다. **편견은
대개 잘못된 생각에 기초한 부정적 감정 반응에 불과하다.**

인간의 이성이 감정의 노예라고 주장한 인물은 흄만이 아니었다.
그러나 해리스의 주장에 따르면 흄이 감정의 최고 우위를 주장한
방식은 남다르다. "흄의 요지는 힘과 지속성 면에서 우위에 있는 정
념에 이성이 늘 질 수밖에 없다는 것이 아니다. 오히려 핵심은 이성
과 정념 간에 이런 식의 갈등이 실제로 일어나지 않는다는 점이다.
본질상 이성은 정념과 경합을 벌이면서 인간의 삶을 통제하려고 하
지 않기 때문이다." 이성은 동기를 부여하는 데 아무런 힘도 쓰지
못한다. "이성 혼자서는 행동을 산출하지도, 자유의지를 일으키지
도 못한다." 이성은 감정과의 전쟁에서 패배하는 것이 아니라 아예
전투 현장에 나타나지 않는다.

정념의 화신 파이드라

테세우스의 후처 파이드라는 전처의 소생인 히폴리토스를 열렬히 사랑하지만 그 사랑이 거절당하자 스스로 목숨을 끊고 만다. 그리스신화 속 이 이야기는 이성은 정념의 노예라고 한 흄의 말을 연상시킨다. 흄은 평범한 일상생활 속의 인간을 있는 그대로 이해하는 것만이 철학의 기반이 된다고 생각했다. 그가 볼 때 인간 행동은 대개 정념의 지배 아래 놓여 있다. 그러므로 감정을 묵살하고 엄정한 이성만 좇으라고 하는 것은 유익하지도 생산적이지도 않다고 보았다.

이성이 정념의 노예라는 흄의 말이 의미하는 바가 바로 이런 것이다. 그러나 노예라는 비유는 오해를 불러일으킬 소지가 있다. 노예는 주인이 시키는 일만 하는 반면 이성은 주인에게 의문을 제기하기 때문이다. 의문을 제기하지 않는 이성은 정념과 차별화할 수 있는 기능이 전혀 없는 셈이다. 루소의 문제가 바로 이것이었다. 루소에게 정념은 이성의 말을 듣지 않으려고 하는 폭군 같은 주인이었다. 반면 흄에게 **정념은 자신이 혼자서 보지 못하는 것을 꿰뚫어볼 수 있게 해주는 노예의 가치를 잘 아는 지혜로운 주인이다.**

하지만 우리를 지속적으로 견제하고 교정해주는 이성의 능력이 극히 제한적이라는 점 또한 잊어서는 안 된다. 그러므로 **누군가의 행동을 이끌어내고 싶다면 그의 지성이 아니라 정념을 겨냥하는 것이 더 빠르다.** 이 경우 정념은 격렬할수록 좋다.

흄의 생각에 우리가 자신의 행동을 더 바람직한 쪽으로 바꾸는 최상의 방편은 그 일을 해야 한다고 이성적으로 설득하는 것이 아니라, 습관을 바꾸어 원하는 행동이 자동화되도록 만드는 것이다. "습관은 정신을 바꾸어 그 속에 좋은 기질과 성향을 심어놓는 또 하나의 강력한 수단이다." 건강하게 먹는 일이 습관이 되면 정크 푸드는 매력을 잃는다. 억지로라도 사람들과 만나면 시간이 지나면서 사교적인 사람이 된다. **"올바른 삶의 길이라는 확신이 들 때 얼마간 스스로에게 그 길을 강요할 결의만 충만하다면 변화의 여정을 포기할 필요는 없다."**

그러나 여기에도 한계가 없지는 않다. 흄은 미덕의 뿌리가 타인에 대한 공감과 연민이기 때문에 습관이건 이성이건 공감 능력이 전혀 없는 사람까지 선한 사람으로 바꿀 만큼 강력한 것은 아니라는 것 역시 알고 있었다. "불행한 것은 이 확신과 결단도 인간이 애초에 어지간한 미덕을 갖추고 있지 않다면 전혀 설 자리가 없다는 것이다." 루소가 궁극적으로 개선의 여지가 없었던 것은 바로 이러한 이유 때문이었을 것이다. 루소의 성격상 결함은 뿌리가 꽤 깊었기 때문에 그는 자신이 극복해야 할 결함을 명료하게 보지 못했다.

인간의 얼굴을 한 도덕

흄이 루소에게 보여주려 했던 공감과 연민의 태도는 인간 본성에 관해서 지나친 비관이나 낙관이 바람직하지 않다는 그의 견해를 반영한다. "예민한 윤리 의식"이 특히 "분노하는 기질"과 함께할 경우 "세상에 대한 증오"를 일으킨다는 것이 흄의 생각이었다. 도덕 기준이 높은 사람이 보는 세상은 부도덕하고 유감천만인 곳이다. 그러나 이러한 태도는 결국 도덕의 기반이 되는 인간에 대한 공감을 약화시킨다.

> 인류를 긍정적으로 생각하는 성향의 사람들이 지닌 정서가, 그 반대인 원칙보다 미덕에 더 이롭다. 이를 통해 우리는 인간 본성에 대한 중용의 입장을 견지할 수 있다.
>
> ─ 데이비드 흄, 『도덕, 정치, 문학에 관한 평론』 중

흄의 말은 인간 본성이 실제보다 더 낫다고 믿는 척이라도 해야 한다는 뜻일까? 아니다. 해리스에 따르면, 흄의 입장은 "인간을 맹목적이고 이기적인 존재로 보는 과도하게 비관적인 입장과, 이성적 자기 단련을 통해 한계를 초월할 수 있는 존재라고 보는 과도하게 낙관적인 입장 간의 타협점"을 찾자는 것이다.

흄은 인간 본성을 지나치게 부정적으로 보는 견해는 세 가지 오류에 기반을 두고 있다고 생각했다. 첫 번째 오류는 인간의 악한 면에 집중한 나머지 좋은 면을 간과하는 것이다. 이를테면 우리는 대다수의 사람들이 살인이나 부정부패를 저지르지 않고 살아간다는 것을 알면서도 뉴스를 볼 때는 그 사실을 잊고 살인과 부정부패 소식에 집중한다.

두 번째 오류는 인간에게 행동의 동기를 부여하는 것이 이기심뿐이라는 통념이다. 그런 통념이 나오게 된 경위는 간단하다. 사람들은 "미덕이나 우정에 은밀한 즐거움이 따른다는 것"을 보고, 따라서 인간이 선해 보이는 일을 하는 유일한 동기는 그것이 자신에게 기쁨을 주기 때문이라고 결론 내린다. "이러한 생각의 오류는 명백하다. 기쁨은 선한 감정이나 정념의 결과이지 원인이 아니다. 내가 친구들에게 좋은 일을 하는 것은 그를 사랑하기 때문이지 거기서 오는 기쁨 때문이 아니다."

세 번째 오류는 인간을 가상의 완벽한 존재와 비교하는 것이다. 그렇게 하면 인간은 악해 보일 수밖에 없다. 흄이 보기에 지혜와 미덕은 본질상 상대적인 개념이다. "세상에 지혜로운 사람이 거의 없다는 말은 실제로는 아무 의미도 없는 말이다. 지혜롭다는 평판은 이런 사람들의 수가 적다는 데서 비롯되기 때문이다. 우리 중 지혜의 수준이 가장 떨어지는 사람이 키케로나 베이컨 정도의 지혜를 갖는다 해도 지혜로운 사람이라는 평판은 여전히 소수에게만 돌아갈 것이다. **완벽함은 불가능한 환상일 뿐이며, 인간의 나약함은 운명이다.** 인간이 할 수 있는 일이란 "치유할 수 없는 병의 증상이라도 완화하고자 애쓰는 일뿐이다."

이 모든 오류는 「회의론자」라는 평론에 나와 있다. 희한해 보일 수도 있다. 이러한 오류는 오히려 도덕적 회의론을 반박하는 듯 보이기 때문이다. 흄은 확실히 도덕의 실체를 폭로하는 대신 도덕을 옹호하고 있고 스스로도 이 점을 알고 있다. 그는 "도덕적 차이가 실재한다는 것을 부정하는 사람은 솔직하지 못한 논객이다. 도덕에 지나치게 둔감해질 때는 옳고 그른 것이 무엇인지 직접 보아야 하고, 자기만의 편견에 완강히 사로잡힐 때는 남들도 옳고 그른 것을 나와 같이 식별할 수 있음을 인식해야 한다"라고 썼다.

해리스에 따르면, 흄이 의심하는 대상은 "인간을 행복하게 할 수 있는 올바른 수단이 하나뿐이라는 관념이다. 그러나 정념과 즐거움은 사람마다 차이가 크기 때문에 이러한 관념은 타당성이 전혀 없다는 것이 흄의 생각이다."

도덕과 관습에 일반 준칙을 세우기 어렵다는 흄의 말을 듣다 보면 도덕적 상대주의의 망령이 떠오른다. 도덕적 상대주의란 옳고 그른 것을 판단할 객관적 기준이란 전혀 없고, 도덕적 가치는 전부 문화적으로 구성된 것이라는 관념이다. 흄은 『도덕 원리 연구』를 처음 출간하던 당시 끝부분에 독립적인 글로 수록한 한 대화문에서

이 문제를 직접 다루었다(사실 이 대화는 잘 알려져 있지 않다). 대화에서는 여행 경험이 많은 팔라메데스라는 인물이 폴리라는 나라를 소개한다. 폴리의 도덕 원칙은 우리가 인정하는 도덕 원칙과 정반대다. 사실 폴리는 고대 그리스를 허구로 각색한 가공의 나라다. 아닌 게 아니라 그리스의 도덕규범은 실제로 흄이 살던 시대 유럽의 규범과 상당히 달랐다. 특히 섹슈얼리티의 문제가 대표적이었다. 앞부분에서 팔라메데스가 폴리를 묘사하는 것을 보면 간통과 부친 살해와 자살을 칭송하는 그곳은 도덕이 비뚤어져 있는 듯 보인다.

흄의 다른 저작을 읽어본 사람이라면 이러한 이야기가 믿기지 않을 것이다. 흄은 『인성론』에서 "인류는 어느 시대, 어느 장소에서나 차이가 없기 때문에 역사를 보아도 별다른 점을 찾아볼 수 없다"라고 했고, 또 "선천적이라고 할 수 있는 것이 있다면 도덕 감정이야말로 그 주인공이다. 도덕 감정이 전혀 없는 나라나 국민은 역사상 없었기 때문이다"라고 했다.

이러한 전제에 따라 흄의 화자는 겉으로는 아주 특이해 보이는 폴리 국민들의 도덕 기준이 어떻게 유럽의 규범과 동일한 근본 원칙에 근거하고 있는지 설명한다. 가령 폴리에서 벌어지는 영아 살해의 동기는 유럽에서 영아 살해를 하지 않는 동기와 똑같다. 바로 아이에 대한 애정이다. 차이가 있다면 폴리에서는 가난한 부모가 "자식이 부모에게서 물려받아야 하는 가난, 아기는 느끼지 못하기 때문에 두려워하거나 분개할 수 없는 가난보다 죽음이 차라리 더 낫다고 생각한다"라고 말한다는 점뿐이다. 흄은 "인간의 이성적인 도덕 추론이 이끌어내는 결과에 차이가 있다 해도 추론의 기반은 같다"라고 주장한다.

도덕 추론의 기반이 같아도 결과에 차이가 나타나는 것은 상황이 변하여 중요성의 기준이 변하기 때문일 뿐이다. "전쟁과 혼돈의 시절에는 군의 미덕이 평화 시의 미덕보다 더 추앙받고 존경과 주목을 받는 것이 당연하다." 이러한 입장은 선이란 받아들일 수 있는 것, 즉 유용한 것이라는 관념에서 비롯된다. 시대가 달라지고 장소가 달라지면 유용한 것들도 달라진다.

흄이 여기서 표명하는 것은 바로 도덕적 다원주의다. 그가 주장하는 것은 무엇이든 해도 된다는 식의 상대주의가 아니라, **좋은 삶을 사는 데 필요한 것은 여러 가지이며, 하나의 삶이나 한 사회가 그것들을 다 가질 수는 없다**는 점을 인정해야 한다는 것이다. 우리는 선택을 해야 한다. 흄의 이러한 견해는 놀라울 정도로 시대를 앞선 것이다. 이사야 벌린이 1960년대에 도덕적 다원주의라는 이름을 처음 고안했을 당시 이는 혁신적인 사상으로 평가받았다. 그러나 사실 다원주의는 그 옛날 흄의 저작에 이미 똬리를 틀고 있었던 셈이다.

흄의 도덕철학은 매우 인본주의적이다. 도덕의 초월적 원천에 기대지 않고 "공허한 이론을 버림으로써 도덕 감정을 자기애라는 원칙으로 설명할 수 있는" 방편을 마련해주기 때문이다. 그는 답이 빤히 보이는 질문을 던진다. "명백하고 자연스러운 체계가 잘 돌아가고 있는데 굳이 세상에서 동떨어진 난해한 체계를 찾을 필요가 있을까?" 우리는 순수한 이기심이나 세련된 자기 이익의 자리에 "공적인 애정을 놓고, 사회의 이익이라 하더라도 개인의 이익과 전적으로 무관하지 않다는 점을 인정한다." 흄의 도덕철학은 신성한 도

도덕적 다원주의

흄은 인간을 행복하게 할 수 있는 길이 하나뿐이라는 관념에 대해 회의적이었다. 동일하게 선을 추구하더라도 그 결과는 시대와 장소에 따라 달라질 수 있다고 본 것이다. 좋은 삶을 사는 길은 여러 가지이며, 우리는 그것들을 다 가질 수 없고 선택을 해야 한다. 이러한 도덕적 다원주의는 얼핏 도덕적 상대주의와 비슷해 보인다. 그러나 후자가 무엇이든 해도 된다는 식이라면, 전자에서는 다원성을 관통하는 공통적인 것이 있으니 그것은 바로 인간의 행복과 복지다.

덕의 원천을 전혀 필요로 하지 않으며, **"자신이나 타인에게 유용하거나 혹은 받아들여질 수 있는 것"**을 기초로 옳고 그른 것에 대한 판단을 행한다.

흄의 이론이 지닌 미덕을 그가 직접 가장 설득력 있게 묘사한 부분이 『도덕 원리 연구』의 결말부에 나온다. 여기서 그는 미덕을 여성으로 의인화했다.

> 많은 성직자들과 일부 철학자들이 그 여인에게(미덕)에게 입혀놓았던 음울한 옷이 벗겨져 내린다. 이제 벗겨진 옷 위로 온화함, 인간애, 자비, 상냥함, 심지어 그 사이사이 유희와 유쾌한 장난과 흥겨움까지 드러난다. 그녀는 쓸모없는 금욕이나 엄격함, 고통이나 자기부정에 관해 말하지 않는다. 그녀는 자신의 목적을 널리 선포한다. 유일한 목적은 자신을 좋아하는 사람과 모든 인류를 그들이 사는 동안 가능한 한 즐겁고 행복하게 만드는 것이다. 미덕은 행복하고 즐거운 이들이 언젠가 다른 시기에 더 풍요로운 보상을 받을 희망이 있을 때를 제외하고는 이 즐거움과 이별할 생각이 없다. 이 여인이 요구하는 유일한 골칫거리는 행복을 공정하게 따져야 할 의무, 그리고 더 큰 행복을 꾸준히 추구해야 하는 의무뿐이다.
>
> ― 데이비드 흄, 『도덕 원리 연구』 중

흄은 철학 문제, 특히 당대의 도덕 문제가 "이교도들(종교를 믿지 않는 이들)의 시대보다 신학과 더 밀접하게 통합되어 있었다는 것"을 독자들에게 명확하게 밝힌다. 그러나 신학은 "새로운 것을 창조하는 데는 아무런 관심도 없다. 신학은 그저 온갖 분야의 지식을 자신의 목적에 맞게 왜곡할 뿐더러 자연 현상이나 편견 없는 감정을 전혀 고려하지 않기 때문에 이성과 언어는 본래의 경로에서 벗어나 심하게 뒤틀려버렸다."

도덕의 합리적 체계를 의심하고 인간에 대한 공감을 강조하는 흄의 견해는, 그가 엄격한 규칙보다 친절을 더 중요시한다는 점을 보여준다. 그는 "친구가 만나고 싶지 않아 지금 집에 없다고 말한다면 나는 거짓말쟁이인가?"라고 묻는다. 글쎄, 그렇다. 그러나 핵심은 거짓말의 의도가 친절일 때는 거짓말쟁이라는 비난이 어리석다는 것이다. 흄은 몇 번이고 루소에게 진실을 말하지 않았다. 그를 돕기 위함이었다. 루소는 자선을 거절하기로 유명했다. 흄은 루소의 『음악 사전』을 런던에서 출간할 계획을 세운 다음, 친구들에게 십시일반 걷은 돈을 보태 일을 진행시키기도 했다.

진실이 예절보다 늘 중요한 것은 아니다. 심지어 즐거움이 진실보다 중요할 때도 있다. "사람들과 있을 때 종종 무해한 거짓말쟁이들을 만나게 된다. 이들은 놀랍도록 능숙하게 인간관계를 이끌어나간다." 흄은 무해한 거짓말이 합리적이라고 생각했고, 재미있는 이야기 속의 거짓에는 "어느 정도 탐닉해도 좋다"라고 권하기까지 했다. "지어낸 이야기 속의 꾸민 내용은 받아들이기가 쉽고 재미와 즐거움을 준다. 이때 진실은 전혀 중요하지 않기 때문이다." 흄의 생각을 알게 되었으니 이제 그의 재담을 에누리해서 들어야 할 것 같다. 그의 말은 늘 그렇듯 탁월한 합리성을 갖추고 있기 때문에 그의 천재성은 상식에 가려 잘 드러나지 않는다. 그러나 루소의 파괴적

주정주의와, 이성만 쫓아 감정을 구석에 밀어두는 사람들의 냉랭한 도덕성 사이에서 올바른 길을 찾는 것은 흄 같은 비범한 지성인이 아니라면 불가능했을 것이다.

흄은 『나의 생애』에서 『도덕 원리 연구』가 "역사서와 철학서와 일반 평론을 포함한 나의 저작 중 최고"라고 평가했다. 그의 도덕철학은 세월의 시련을 견뎌냈다. 이는 인간 본성 외의 다른 어떤 것에도 기반을 두지 않은 도덕이 가능할 뿐만 아니라, 대부분의 종교적 관념론적 대안보다 훨씬 더 인도적이라는 증거다.

정의란 무엇인가

흄의 관심사는 개인의 도덕에 국한되지 않았다. 그는 사회적 층위의 옳고 그름의 문제에도 관심이 많았다. 정의로운 사회에 도움이 되는 것은 무엇인가? 그는 도덕이라는 문제에 대한 답을 찾을 때와 같은 기초에서 옳고 그름의 문제에 대한 답을 찾는 일에 착수했다. 그 기초는 인간 본성이었다.

흄은 정의가 인간의 삶과 독립해서 존재하는 추상적이고 보편적인 미덕, 순수이성만으로 발견할 수 있는 미덕이라는 통념을 철저히 거부했다. 정의는 인간이 조화로운 사회를 운영할 목적으로 만들 필요가 있었기 때문에 존재하는 것이다. 인간이 정의에 맞도록 만들어지는 것이 아니라 **정의가 인간에게 맞도록 만들어지는 것이다.** 인간의 본성이나 조건이 달랐다면 정의가 필요 없을 것이다. 흄

런던 중앙형사재판소 꼭대기에 세워져 있는 정의의 여신

흄은 도덕과 마찬가지로 정의에 대해서도 초월적 원천에 기대지 않았다. 정의는 인간이 조화로운 사회를 운영하기 위하여 만든 것이므로, 인간을 위해 정의가 있는 것이지 정의를 위하여 인간이 있는 것은 아니라고 보았다. 그에게 정의는 인간사에 질서를 부여하는 현실 원리 그 이상도 이하도 아닌 것이었다.

은 현실 세상과 다른 세 가지 가상의 세상을 논거로 제시했다.

첫 번째 세상은 모든 것이 풍족한 곳이다. 이러한 세상에서는 누구나 풍요를 누리기 때문에 누가 무엇을 가져야 하는지 규칙을 세울 필요가 없다.

두 번째 세상은 이타심이 넘치는 곳이다. "인류의 생필품은 우리의 세계와 똑같지만 정신 수준이 높아져 우정과 관대함이 넘치고, 그리하여 모든 사람이 서로를 다정하고 친절하게 대하고 자신의 이익보다 타인의 이익을 도모해야 한다고 느낀다." 인간이 이토록 이타적이라면 첫 번째 세상과 마찬가지로 물질의 공정한 분배나 소유의 규칙을 세울 필요가 전혀 없다.

세 번째 세상은 또 다르다. "생필품이 부족해지고, 최대한의 절약과 노동으로도 수많은 사람들의 죽음을 막을 수 없으며, 사회 전체의 구성원들이 극도의 가난에 빠지지 않게 할 도리가 없는 상황을 가정해 보라." 이런 세상에서는 사회 전체의 구성원에게 공정한 몫을 줄 수 있는 방법이 아예 없을 것이다. 이렇듯 지독한 상황에서는 "엄격한 정의의 법칙은 중단되고 필요한 것을 구해 자기를 보존해야 한다는 강력한 동기만 횡행하게 된다."

흄의 결론은 "정의가 출현하는 기반은 인간의 이기심과 부족한 관대함, 그리고 자연이 인간에게 마련해준 결핍과 부족뿐이다"라는 것이다. 따라서 그는 정의에 대해서도 다른 관점을 보여준다.

공평함이나 정의의 규칙은 특정한 상황과 조건에 전적으로 의존하며, 그 기원은 효용이다. 효용은 사람들이 정의를 엄격하고 규칙적으로 준수하게 만든다.

— 어니스트 캠벨 모스너, 『데이비드 흄의 생애』 중

다시 한번 흄은 고고한 기세가 하늘을 찌르기로는 도덕 못지않게 유서 깊은 관념을 들고 나와 지상으로 끌어내린다. 이번에는 정의다. 정의는 흄의 손에서 인간사의 관계에 질서를 부여하는 현실 원리 이상도 이하도 아닌 것이 되어버린다.

정의 원칙이 지배하는 사회를 만드는 인간의 능력이 주는 이점은 세 가지다. 첫째, 자원의 공동 관리를 통해 사회는 개개인이 자원을 관리할 때보다 더 많은 힘을 갖게 된다. 둘째, 노동의 분업을 통한 전문화는 사회 구성원의 능력을 증대시킨다. 개인이 빵을 굽고 바느질도 하고 집까지 짓는 데 시간을 쪼개 쓰는 대신 각 분야의 전문가들에게 일을 분담시킴으로써 음식과 의복과 집의 수준이 높아진다. 셋째, 인간은 사회라는 집단을 통해 상호 도움을 주고받기 때문에 어느 때건 가난한 이들과 병자들은 부유한 이들의 도움을 받을 수 있다. 운명이 바뀌면 도움의 주체가 서로 바뀌기도 한다.

정의는 이렇게 실용적인 원칙이지만 제대로 작동하려면 투명성, 일관성, 예측 가능성이 있어야 한다. "정의는 특정인이 자원에 어울리는가 여부를 따지지 않고 더 광범위한 기준에 따라 작용한다." 인간이 법치의 원칙 아래에서 살게 된 것은 바로 이 때문이며, 법치 사회에서는 동일한 법이 모두에게 동등하게 적용된다.

사회는 정의에 대한 개념을 공유할 필요가 있으므로 꼭 선한 공동체가 아니라 하더라도 나름의 정의 체계를 가동시킨다.

자주 거론되는 것처럼 강도와 해적이라 하더라도 나름의 새로운 분배 정의를 확립해서 공평하게 적용해야 한다는 법칙을 서로에게 일깨워주지 않으면 악의 동맹을 유지할 수 없다. 이 법칙이 나머지 선한 인류의 정의 법칙을 위반하더라도 그러하다.

— 어니스트 캠벨 모스너, 『데이비드 흄의 생애』 중

흄은 질서 있고 안정적인 사회가 필요하다고 역설했다. 공자가 조화로운 사회를 강조했던 사실이 떠오르는 대목이다. 철학이 번영하는 데도 안정적인 사회가 필요하다. "안정은 법에서 나오고, 호기심은 안정에서 나온다. 그리고 지식은 결국 호기심에서 비롯된다." 수많은 국가들이 안정을 누리면서 교역할 수 있다면 금상첨화다. "이웃의 독립국들이 교역과 정책으로 관계를 맺는 일이야말로 예의와 학식의 발전에 가장 이롭다." 이 구절이야말로 오늘날 이민자를 배척하고 보호무역을 주장하면서 대중의 인기에 영합하는 정치가들이 귀담아 들어야 할 메시지다.

흄은 또한 공자와 마찬가지로 사회의 조화를 유지하기 위해 때로는 바람직한 가치를 희생할 필요가 있다고 보았다. 이러한 희생은 흄이 평등을 논할 때 가장 극명하게 드러난다. 그는 평등이 바람직한 이상이라는 점을 분명히 한다. 『도덕 원리 연구』의 한 단락은 특히 주목할 만하다.

인정하건대 자연은 인간에게 편견이 전혀 없기 때문에 그가 주는 모든 선물을 똑같이 분배하고 기술과 근면함으로 더욱 개선한다면 사회 구성원들은 누구나 생필품뿐만 아니라 안락함을 주는 도구까지도 대부분 누릴 것이고, 병약한 몸과 체질에서 우연히 발생하는 불행을 제외하고는 어떤 불행도 겪지 않을 것이다. 또 하나 인정하건대 평등을 실행하지 않는다면 부자에게 보태주는 것보다 가난한 자들에게서 빼앗는 것이 더 많아질 것이고, 특정 개인의 경박한 허영심을 조금이라도 만족시켜주는 순간 많은 가족, 심지어 한 지역 공동체 전체에게서 빵 이상의 것을 빼앗는 셈이 된다.

— 데이비드 흄, 『도덕 원리 연구』 중

여기서 흄이 제시하는 이상은 사회주의를 방불케 할 지경이다. 하지만 늘 그랬던 것처럼 보수주의적 욕망은 그를 다시 제자리로 돌려놓는다. 유토피아적 평등 사회를 건설하려면 "가장 엄정한 조사가 필요하다. 불평등이 나타나자마자 감시해야 하기 때문이다. 엄격한 사법권 역시 필요하다. 불평등을 처벌하고 교정해야 하기 때문이다." 이러한 일은 집행 당국에 지나치게 많은 권력을 부여하는 결과로 이어질 수밖에 없기 때문에 결국 정부는 "곧 폭정으로 타락할 수밖에 없다." 20세기 공산주의 국가들의 역사는 흄의 우려가 보수반동주의자의 기우만은 아니라는 점을 시사한다. 보수주의의 색채가 더 두드러지는 부분은 "소유물의 완전한 평등은 종속 관계를 모두 파괴하여 치안관의 권위를 극도로 약화하고 모든 권력을 무력화한다"라는 우려다. 이 부분의 함의는 사회를 안정시키려면 권력의 서열이 필요하다는 것이다. 일말의 진실이 없지 않겠지만 평등의 증대와 위계의 약화에 대한 흄의 두려움은 과도해 보인다.

흄은 중요한 원칙을 무시하고 있는 것 같다. **다다익선이되 최다는 최악이라는 원칙.** 완전한 평등은 나쁠 수 있지만 아무래도 평등은 많을수록 좋을 것이다. 서열을 완전히 폐지하는 것은 나쁠 수 있지만 서열은 적을수록 좋을 것이다. 어떤 이상이건 극단적인 버전이 아니라 최상의 버전을 보고 판단해야 한다.

정의에 대한 흄의 연구 중 많은 부분은 재산에 관한 것이다. 따라서 그의 정의론은 정치, 경제 관련 평론들의 내용과 맞닿아 있다. 흄의 사상은 애덤 스미스에게 큰 영향을 끼쳤다. 데니스 라스무센은 『무신론자와 교수』에서 "『국부론』의 가장 중요한 주장(통상이 자유와 안정을 향상시킨다는 주장)과 가장 칭송받는 주장(자유무역의 이점에 대한 주장)이 모두 흄의 저작에서 먼저 발견된다는 점이 놀랍다"라고 평가했다.

흄은 경제의 중요성을 통찰한 것 못지않게 경제와 종교의 관계에 관해서도 탁월한 통찰력을 발휘했다. 흄은 종교는 공포를 자양분 삼아 쑥쑥 자라는 법이라 사람들의 행복이 커지면 사라지기 마련이며, 번영이야말로 종교의 쇠퇴를 촉진한다고 생각했다. 번영은 "활기와 활동성을 일으키며 온갖 사교적, 감각적 즐거움을 활발히 누리는 결과를 낳는다." 이러한 마음 상태에 있는 사람들은 "보이지 않는 미지의 종교를 생각할 여유가 없어 종교를 믿는 경향이 생겨나지 않는다." 재앙이 닥치거나 "미래에 관한 불안이 고개를 들 때만" 마음은 "소심함과 공포와 우울"에 빠지고 "그 은밀한 전능함, 우리의 운명을 좌지우지한다고 여겨지는 그 힘을 달랠 온갖 방안에 의지하게 된다." 따라서 종교는 사람들을 두려움에 빠뜨릴 필요

흄으로부터 많은 영향을 받은 애덤 스미스(1723~1790)

흄과 스미스는 1749년에 처음 만나 평생 서로의 삶과 학문을 응원하며 깊은 우정을 나누었다. 흄은 철학뿐만 아니라 근대 경제학에도 많은 영향을 끼쳤는데, 특히 수많은 국가들이 안정적으로 자유롭게 교역할 수 있다면 예의와 학식의 발전에 이로울 것이라는 주장은 스미스의 대표작 『국부론』의 핵심 사상으로 녹아들어갔다.

가 있으며, "번영기의 확신과 탐닉 때문에 신의 섭리를 망각하지 않
도록 그들의 자신감과 감각적 즐거움을 억눌러야 한다." 결과적으
로 "온갖 잔학 행위의 원인은 신이다. 신이 어마어마한 존재로 재현
될수록 인간은 거기 더 길들여져 신을 모시는 성직자에게 순종하게
되기 때문이다."

오늘날 밝혀진 바에 따르면, 종교와 물질적 번영 간의 관계에 대
한 흄의 통찰이 정확했다. 대체로 부유한 나라일수록 종교는 힘을
쓰지 못한다. 사람들은 미국만큼은 예외라고 반론을 제기해왔다.
세계 최고의 부국 중 하나인 미국에서만큼은 종교가 번성하고 있기
때문이라는 것이다. 그러나 미국의 사례가 흄의 통찰에 대한 반례
가 될 수 없는 이유가 두 가지 있다. 첫째, 오늘날 미국에서도 종교
는 쇠퇴하고 있다. 둘째, 더 중요한 점은 많은 국민이 먹고 사는 일
이 불안한 나라에서 종교가 만연해진다는 증거가 많다는 것이다.
이러한 불안은 물질적 부와 연관이 있다. 그런데 미국에서는 상황
이 좀 다르다. 미국은 부유한 나라이지만 유럽식 복지국가는 아니
다. 많은 사람들이 월급을 받아 간신히 생활하는 수준의 생활을 하
고 있을 뿐 빈곤의 나락에서 그리 멀지 않다. 진정한 번영의 조건은
경제적 안정이다. 경제적 안정을 누리는 사람들은 신의 구원을 별
로 찾지 않는다. **지상의 삶이 행복하면 가상의 천국을 열망할 필요가
없다.**

흄은 『인성론』 중 도덕에 관해 쓴 제3권의 경구로 로마 시인 마르
쿠스 안나에우스 루카누스가 쓴 서사시 『파르살리아』의 한 구절을
인용했다. "선을 아끼는 자여, 선이 무엇인지 묻고 선의 모습을 보

여달라고 신들에게 청탁을 넣어주십시오." 이 요청을 받은 자는 로마의 정치가 카토다. "사람들이 법과 자유를 누릴 수 있게 될지, 아니면 내전이 헛된 싸움에 불과한 것이 될지" 알아봐 달라는 것이 요지였다. 그러나 카토는 옳은 일에만 주의를 기울일 뿐 점치는 데는 관심이 없었다. "미래를 자신하지 못하는 사람들이나 신탁을 쳐다보라고 하시오. 내 확신은 신탁이 아니라 죽음의 확실성에서 오는 것이니"라며 청을 거절했다.

흄이 카토와 관련된 경구를 인용한 것은 매우 영리한 선택이었다. 한편으로 그는 카토에게 "인간은 누구나 신과 분리될 수 없다"라는 말을 하게 함으로써 신성함이라는 문제를 슬쩍 비켜갔다. 하지만 그의 진정한 메시지는 인간에게는 신이 필요 없다는 것이다. 어떤 의미에서는 인간이 바로 신이기 때문이다. "인간은 왜 신을 찾아야 하는가? 인간이 보는 것이 모조리 신인데 말이다. 인간의 모든 움직임은 신의 움직임이기도 하다."

도덕에는 초월적인 원천이 필요하지 않다. 도덕은 인간 본성을 올바르게 이해하는 일을 근간으로 한 것이고, 결국 그 원천은 "인간이 확실히 죽는다는 사실"이다. "선의 모습을 보겠다는 요청"은 신에게 인간의 모습으로 와달라고 청하는 행위가 아니라, 선이란 오직 보이는 형태로만 존재한다는 것, 몸을 지닌 인간의 행위 속에서만 존재한다는 것을 인식하는 것이다. 이는 도덕의 기반을 약화하기는커녕 더 안정적인 발판 위에 올려놓음으로써 "정의의 규칙을 불변의 것, 최소한 인간 본성만큼 확고한 것"으로 만드는 일이다.

따뜻한 난롯가와 책

따뜻한 난롯가와 나만의 시간이 있는 한 불행하다는 생각은 금물이다.

다른 상황에서 더 즐거울 수 있다는 희망 역시 금물이다.

— 존 영 톰슨 그레그 편집, 『데이비드 흄의 편지』 중

북부의 에피쿠로스

영국으로 돌아온 흄은 런던에 잠시 머문 다음 스코틀랜드로 향했다. 말년을 보낼 고향으로 돌아간 것이다. 1769년 8월의 일이다. 처음에 그는 1762년 파리로 가기 전에 이사했던 제임스코트의 공동주택으로 돌아가서 누이인 캐서린과 작은 포메라니안 개 팍시와 함께 살았다. 명예롭고 풍요로운 말년이 마침내 찾아왔다. 흄은 글을 써서 생계를 유지했던 최초의 문필가 중 한 명이 되었다.

그러나 흄은 제임스코트를 "쾌적함과 품격을 갖춘 곳"이라고 묘사하면서도 "너무 좁아서 내가 말년에 몰두하고 싶은 요리를 제대로 할 수 없다"라고 불평했다. 흄의 말은 농담이 아니었다. 흄에 관한 많은 기록은 그가 식도락가였음을 증명한다. 길버트 엘리엇에게 보낸 편지에는 요리 관련 이야기가 남아 있다. "지금 내 앞의 탁자에는 '여왕의 수프'*를 만드는 조리법이 있네. 내가 직접 베껴 쓴 것이지. 쇠고기와 양배추(정말 근사한 재료야), 그리고 늙은 양고기와 묵은 클라레에 관해서라면 나보다 잘 아는 사람은 없을 걸세." 보스웰은 흄을 "북부의 에피쿠로스"라고 불렀다.

흄의 집에서 내놓는 식사는 양과 질 모든 면에서 훌륭했을 것이다. 제임스 에드먼스톤 대령은 "나는 그 철학자와 식사를 했고 얼큰히 취했다"라고 썼다. 켈리 경은 이 에든버러의 식자識者를 식자食者라 부르는 편이 낫겠다고 생각했다. 모스너가 전하는 바에 의하면, 영국 시인 윌리엄 메이슨은 다음과 같은 짓궂은 구절을 남겼다. "저기 대자로 뻗어 있는 게으른 데이비드 양반, 에피쿠로스의 우리에서 제일 살진 돼지."

흄이 상당한 식도락가였다는 사실을 알면 많은 이들이 충격을 받는다. 대부분의 서구인들은 육신을 등한시하는 플라톤 철학과 기독교 전통 때문에 음식에 대한 식별력을 지적 명민함과 동떨어진 것으로 여긴다. 흄은 훌륭한 식사와 훌륭한 철학이 양립 불가능하다는 의견이 편견임을 입증하는 확실한 사례다. 그는 이런 말을 남겼다. "품격 있는 음식 때문에 진지함에 대한 나의 취향이 망가진 적도 없고, 유쾌함 때문에 공부를 망친 적도 없다."

흄은 요리에 일가견이 있는 주인이었기 때문에 손님을 접대하기 위해 더 큰 집이 필요했다. 그는 신시가지에 새로 짓고 있는 집이 완공되기 전, 에든버러성 인근에 있는 초상화가 램지의 집 중 한곳에 당분간 머물렀다. 흄은 신시가지의 새 집을 '작은 집'이라고 불렀지만, 사실상 그 말은 '작가 혼자 살기에는 큰 집'이라는 뜻이었다. 흄

* 16세기 프랑스 궁정의 수프.

의 새 집은 새로 조성된 세인트앤드류광장의 남서쪽 모퉁이에 있었다. 프린스스트리트에서 한 블록 북쪽, 신시가지 쪽에서는 호수 반대편이다.

광장과 프린스스트리트를 이어주는 좁은 길은 초창기 지도에서 보이듯 원래 이름이 없었다. 지금 이곳은 세인트데이비드스트리트라고 불리는데, 이 이름이 붙은 데는 흄과 관련한 사연이 있다. 낸시 오드는 스코틀랜드 재무재판소의 수석재판관 로버트 오드의 딸이었다. 모스너는 낸시를 "사랑스럽고 매력적인 영국인으로, 데이비드가 가장 좋아했던 여인"이라 묘사했다. 어느 날 낸시가 흄의 집 한편에 분필로 "세인트데이비드스트리트"라고 썼고, 낸시의 농담이 현실이 되었다.

오드와 흄의 결혼에 대한 언급도 있었다. 1770년, 흄은 집을 짓는 일이 "인간사에서 두 번째로 큰일이다. 첫 번째는 아내를 들이는 일이기 때문이다. 조만간 아내를 맞아들였으면 한다"라고 썼다. 흄의 친구였던 헨리 매켄지는 "흄은 분명 낸시 오드에게 청혼을 하려 했다"라고 썼다. 모스너에 따르면, 흄은 낸시에게 새 집에 쓸 벽지를 골라달라는 부탁까지 했다. 아무래도 단순한 친구보다는 약혼자에게 어울리는 일이었다. 하지만 두 사람은 결혼하지 않았다.

흄이 평생 독신으로 지냈다는 사실이 의아하게 보일 수 있다. 그는 분명 잘생긴 외모의 소유자는 아니었지만 여성들에게 인기가 있었던 듯하다. 그도 인기에 화답하듯 여성들과 즐겨 어울렸다. 여성을 묘사하는 그의 표현에는 거들먹거리거나 비하하는 언어가 전혀 없었다. 하지만 그가 왜 독신을 고집했는지 상상하기는 어렵지 않다. 그는 자유를 중시했고, 살면서 대부분의 시기 동안 가족을 부양할 만큼 부유하지는 못했다. 흥미로운 사실은 낸시도 평신 독신이었다는 점이다. 아마 두 사람이 서로에게 끌렸던 이유가 자유에 대한 생각이었고, 바로 그것 때문에 결혼으로 이어질 수 없었던 것이 아닐까?

드디어 새 집이 완공되었다. 이제 안락한 은퇴 생활을 누릴 채비가 갖추어진 것이다. 그러나 흄의 이 새 집은 오래전에 헐렸다. 21세기 초까지만 해도 집이 헐린 자리—오늘날에는 사우스세인트데이비드스트리트 21번지다—에 있던 현대식 블록에 "데이비드 흄이 1771년부터 1776년까지 이곳에 있던 집에 살았다"라고 쓰인 명판이 붙어 있었다. 그러나 이제 근래 전 구역이 재개발되면서 들어선 새 건물들은 이곳에 살았던 저명한 철학자를 기념하기에 썩 적합해 보이지 않는다. 건물을 세운 이들은 흄의 철학적 유산을 높이 평가하지는 않더라도 최소한 그의 미적 유산이라도 고려했어야 했다. 반면 프린스스트리트 남쪽에는 오늘날까지 건물이 하나도 없기 때문에 에든버러성과 구시가지의 숨 막힐 듯한 아름다운 풍광을 그대로 볼 수 있다. 이런 일이 가능했던 것은 흄과 다른 이들이 이 지역 개발을 하지 않겠다는 과거의 약속을 번복하려던 의회의 결정에 극렬히 저항한 덕분이다.

흄의 마지막 거처가 있었던 사우스세인트데이비드스트리트

런던에서 에든버러로 돌아온 흄은 이제 여생을 보내기 위한 새로운 거처를 에든버러의 신시
가지에 짓기 시작했다. 요리에 일가견이 있었던 흄은 손님을 접대하기 위한 더 큰 집을 원했다.
그의 새 집은 세인트앤드류광장의 남서쪽 모퉁이에 있었다. 그 집과 면한 거리는 오늘날 사우
스세인트데이비드스트리트라 불리는데, 흄이 사랑했던 여인인 낸시 오드가 어느 날 그의 집
한편에 분필로 "세인트데이비드스트리트"라고 쓴 일에서 유래했다.

새 집으로 들어간 지 얼마 되지 않은 1772년 흄의 건강이 나빠지기 시작했다. 처음에 서서히 나빠지던 몸 상태는 1775년 봄 급작스레 악화되었다. 지금으로서는 흄의 정확한 병명을 알 길이 없다. 증상으로 전해지는 혈변을 보면 대장암 또는 만성 궤양성 대장염으로 추정할 수 있을 뿐이다.

그러나 병을 앓는 동안에도 흄은 놀라울 정도로 활기를 잃지 않았고 정신 상태도 건강했다. 독서를 계속하면서 기번에게는 『로마제국 쇠망사』를 치하하는 편지를, 애덤 스미스에게는 『국부론』을 치하하는 편지를 써 보낼 정도였다.

흄은 장수를 바라지 않았다. 말년에 쓴 그의 편지에는 "나이가 많다는 것은 분명 불행이다. 친구들을 위해서라도 노년의 문턱에서 생을 마감하여 노년이라는 음울한 곳으로 깊이 들어가지 않는 운명을 맞이했으면 좋겠다"라는 말이 나온다. 임박한 죽음을 예감하면서 쓴 자서전에서는 이렇게 말했다.

병으로 인한 통증은 거의 없었다. 더 이상한 것은 몸이 크게 쇠약해지는데도 정신까지 쇠약해진다는 느낌은 전혀 없었다는 것이다. 가장 피하고 싶어야 함에도 불구하고 내 인생에서 다시 살아보고 싶은 때를 고르라면 이 마지막 시기를 꼽고 싶을 정도다. 공부에 대한 열정도 전과 같고, 친구들과도 전처럼 유쾌하게 지낸다. 예순다섯 살이 된 인간이 죽어서 줄어드는 것은 고작 몇 년의 병약한 세월

뿐이다. 문인으로서의 내 명성이 마침내 빛을 더욱 발한다는 징후가 많아지고 있지만 이를 누릴 세월은 길지 않다. 지금이야말로 나는 죽음과 가장 가까이 있다.

— 데이비드 흄, 『나의 생애』 중

흄은 목전에 다가온 죽음을 경이로울 만큼 명료하게 보고 있었다. 애덤 스미스의 회고에 따르면, 의사는 흄에게 "친구 분인 에드먼스톤 대령에게 선생의 상태가 훨씬 좋아졌으니 회복 중이라고 말씀드려야겠군요"라고 말했다. 흄은 의사의 말이 자신을 안심시키기 위한 거짓임을 꿰뚫어보고 이렇게 대꾸했다. "의사 선생, 선생이 진실만 말한다는 사실을 믿어 의심치 않소. 그러니 대령에게 혹여 있을지 모르는 내 적들이 바라는 만큼 내가 빨리 죽어가고 있다고, 내 가장 친한 친구들이 바라는 만큼 쾌활하고 편안하게 죽음을 맞이하고 있다고 전하는 편이 더 나을 것 같소."

1776년 7월 4일 목요일, 세인트데이비드스트리트. 그는 고별 식사가 될 만찬을 친구들 대부분과 함께 했다. 뉴스가 대서양을 건너서 오는 데 오래 걸리던 때여서 만찬에 모인 이들은 전혀 몰랐지만, 이날 미국은 독립을 선언했다. 만찬의 주인공들은 대부분 미국 독립이라는 명분을 지지했다.

며칠 뒤인 7월 7일, 흄에게 동기가 불순한 손님 하나가 찾아왔다. 보스웰이었다. 그는 무신론자가 죽음을 맞이하는 것을 보고 싶은 소름 끼치는 호기심에 병문안을 온 것이었다. 그래도 흄은 보스웰을 친절히 맞아들였다. 보스웰은 종교를 믿지 않는 인간이 그토록

임박한 죽음 앞의 노인

흄은 신시가지의 새 집으로 이사를 간 지 얼마 되지 않아 쇠약해지기 시작했다. 그러나 그는 죽음 앞에서도 놀라울 만큼 침착하고 쾌활했으며, 침통함이라고는 찾아볼 수 없었다. 그것은 스토아철학자들처럼 삶을 가치 없다고 확신했기 때문이 아니라, 죽음은 불가피하며 인간이 바랄 수 있는 최상의 것은 지상에 있는 동안 좋은 삶을 영위하는 것이라는 진실을 수용했기 때문이다.

침착하게 죽음을 맞이하는 모습을 보고 충격을 받았다. 그는 다음과 같이 전했다.

"흄은 수척하고 창백한 데다 얼굴도 흙빛이었지만 침착했으며, 심지어 쾌활하기까지 했다." 하지만 차분한 외양과 달리 흄이 말한 내용은 충격 그 자체였다. "흄은 모든 종교의 도덕은 나쁘다고 단호히 말했다. 그리고 어떤 사람이 종교를 믿는다는 이야기를 듣고 그가 악당—물론 선한 사람이 종교를 믿은 사례도 모르는 바 아니지만—이라는 결론을 내렸다는 흄의 말을 듣고 농담이 아니라는 생각이 들었다. 신앙심이 없는 사람들이 악하다는 흔한 통념과는 극단적으로 반대되는 견해였다."

보스웰은 또 이렇게 전했다. "흄이 눈앞에 죽음이 닥쳐도 사후 세계를 믿지 않는 견해를 유지하는지 알고 싶은 강한 호기심이 발동했다. 그러나 방금 한 그의 말과 태도에서 그가 신을 믿지 않는다는 확신이 들었다. 나는 그에게 죽음 이후의 상태가 가능하다고 생각하느냐고 물었고, 그는 불 속에 넣은 석탄이 타지 않는 것이 가능하다면 그 또한 가능하다고 말했다. 그리고 인간이 영원히 존재할 수 있다는 생각이야말로 가장 불합리한 망상이라고 덧붙였다."

흄과의 대화를 통해 보스웰은 이런 감정을 느꼈다고 토로했다. "두려움이 격렬하고 낯선 기억과 뒤엉켰다. 내 훌륭한 어머니의 경건한 가르침, 존슨 박사의 고귀한 가르침, 그리고 내가 살아오는 동안 지킨 경건한 감정과 애정에 대한 기억이 두려움과 섞여버린 것이다. 내 상태는 돌연 위험에 빠진 채 나를 지켜줄 두 팔을 애타게 찾는 이와 같았다. 완전한 소멸을 확신하며 죽어가는 이 비범하고 폭넓은 지력의 소유자를 눈앞에서 보면서 나 또한 잠시나마 신을 의심하는 마음까지 들었다." 보스웰은 "나는 내 신앙을 지켰다"라고 확언하면서도 "흄의 집을 나오면서 받은 인상은 그 후로도 얼마간 나를 떠나지 않았다"라고 했다.

보스웰은 흄이 보인 불굴의 의지를 최소한 존중했던 것 같다. "임종 자리에서도 흄의 농담에는 침통함이라고는 없었다. 그때만큼은 죽음조차도 음울하지 않았다. (…) 보통 사람들에게는 없는 명료한 지성과 차분한 태도로 여러 문제를 논하는 흄을 보고 있자니 그저 놀라웠다"라는 것이 보스웰이 전하는 인상이다.

흄의 마지막 며칠에 대한 가장 감동적인 전언은 애덤 스미스가 스트래헌에게 보낸 편지에 등장한다. 여기에도 죽음이 얼마 남지 않는 흄이 음울하기는커녕 쾌활했다는 내용이 나온다. 편지에는 루키아노스의 「죽은 자들의 대화」를 읽은 흄의 감상이 들어 있다. 이 작품에는 죽음을 받아들이지 않으려는 사람들이 카론에게 핑계를 대는 일화가 나온다. 카론은 갓 죽은 자들의 영혼을 이승과 저승의 경계인 스틱스강 건너 저승의 신 하데스에게 데려가는 자다.

흄은 이들이 댄 핑계 중 자신에게 적합한 것이 하나도 없다는 데 적잖이 놀랐다. "돌볼 집도, 자식도, 복수하고 싶은 적도 없다." 흄의 결론은 "그러므로 나는 흡족하게 죽을 수 있다"라는 것이었다. 그러나 그런 다음 흄은 카론이 자신을 죽음의 세계로 데려가지 않고 살아 있는 자들의 세상에 남겨둘 다른 이유가 무엇이 있을까 상상하면서 즐거워했다. 다음 구절을 보자.

"선한 카론이여. 제가 재판을 찍으려고 교정하던 책이 있습니다. 조금만 시간을 허락해주시면 재판에 대한 독자들의 반응을 알 수 있겠지요." 하지만 카론은 이렇게 대답할 것이다. "독자들의 반응을 보고 나면 또 수정을 해야겠지. 그런 변명은 끝이 없네. 그러므로 정직한 친구여. 배를 타시게." 하지만 나는 여전히 우기겠지. "선한 카론이여. 조금만 기다려주십시오. 저는 그동안 독자들의 눈을 뜨게 하려 애써왔습니다. 몇 년만 더 살 수 있다면 팽배해 있는 미신 중 일부라도 사라지는 것을 보고 기뻐할 수 있지 않을까요." 그러나 카론은 화가 나서 점잖은 태도를 팽개치고 고함을 질러댈 것이다. "이 꾸물대는 불한당 같은 녀석! 수백 년이 지나도 일어나지 않을 일이다. 내가 그렇게 긴 시간을 허락해줄 것 같으냐? 지금 바로 배를 타라, 이 게으른 악당 놈아!

― 애덤 스미스가 윌리엄 스트래헌에게 보낸 편지 중

죽음을 대하는 흄의 태도는 많은 이들에게 귀감이 되어왔다. 그러나 오해하지 말아야 할 것은 죽음을 받아들이는 그의 태도가 스토아철학과 피상적으로 닮은 듯하지만 전혀 그렇지 않다는 것이다. 앞에서 본 바대로 흄은 스토아철학을 전혀 신봉하지 않았고, 오히려 노골적으로 거부했다. 젊은 시절 스토아철학의 준칙을 지키려 애썼던 고통스러운 경험 때문이었다.

스토아철학자들은 삶에 가치가 없다고 확신함으로써 죽음 앞에서 평정심을 유지하려 한다. 삶은 "무심하게 대하는 편이 좋다." 인간은 생을 우연히 얻었지만 이를 바라거나 바라지 않으려는 욕망을 버릴 때 비로소 그것을 누릴 수 있다는 뜻이다. 세네카는 다음과 같은 말을 남겼다. "우리 필멸의 인간은 등불처럼 빛이 나기도 하고 꺼지기도 한다. 고통의 시간은 그 사이에 찾아온다. 그러나 빛이 나건 꺼지건 깊은 평온함은 남는다." 마르쿠스 아우렐리우스는 "탄생과 죽음 사이의 간격은 다 합쳐도 짧다. 사람들과 지내면서 약해빠진 몸뚱이를 통해 이 짧은 생이 얼마나 많은 고통으로 점철되어 있는지 생각해보라"같은 표현을 통해 삶에 대한 무심함을 드러낸다.

그러나 흄은 이런 말을 쓴 적도 없고 쓰려 하지도 않았다. 흄은 분명 생을 사랑했다. 그에게 생은 육신과 지성의 욕망을 추구하는 활동으로 가득 찬 풍성한 것이었다. 흄 역시 스토아철학자들처럼 죽음 이전이나 이후에는 아무것도 없다고 생각했지만, 그렇다고 삶과 죽음 사이의 생을 '평온함'의 세계라고 평가하는 것은 그에게는 터무니없는 편견이었다. 생이 없다면 평온함도 괴로움도 없다. 그런 생은 그저 무일뿐이다.

죽음을 낙관적으로 받아들이는 흄의 탁월한 능력은 삶을 업신여기는 태도와는 무관하다. 그의 태도는 단지 죽음이 불가피하다는 진실, 인간이 바랄 수 있는 최상의 바람은 짧은 생애 동안 좋은 삶을 영위하는 것이라는 진실을 수용한 데서 비롯된 것이다. 그는 생을 사랑하고 육신의 쾌락을 누려도 공포나 후회 없이 죽음을 맞이할 수 있다는 것, 최소한 우리의 시간이 다 끝났다는 카론의 말을 받아들일 수 있을 정도의 후회만 품고 죽음을 맞이할 수 있다는 진실을 보여주었다. **죽음을 받아들이는 것과 환영하는 것은 다르다. 생에 대한 애정은 생에 대한 집착이 아니다.**

한편 흄은 죽음을 훌륭하게 대면하는 자신의 능력은 노력의 뒷받침도 있었지만 얼마간 타고난 성향에서 비롯된 것이기도 하다고 했다. 즉 "온화한 기질, 평정심, 개방적이고 사교적이며 명랑한 성격" 덕분이라는 것이다. 그 어떤 재난도 겪지 않았던 행운 역시 한몫 거든다. 가령 그는 『나의 생애』에서 "대부분의 현명하고 유명한 사람들은 비방을 받는다고 불평할 거리를 찾아냈지만, 나는 결코 비방이라는 악의적인 이빨에 물린 적이 없다"라고 썼다.

우리는 이 위대한 철학자의 삶과 죽음에 찬탄을 보낸다. 그러나 흄의 말은 위대함의 원인을 행운과 기질이 아닌 철학 덕으로만 돌리는 자만은 위험하다는 함의를 던진다. "철학은 죽음에 대한 준비다"라고 소크라테스가 말했듯이 인간의 필멸을 지적으로 수용할 때 철학이 도움이 된다는 말에는 나도 동의한다. 그러나 나는 죽음이라는 운명을 철학적으로 이해하는 것이 필멸을 낙천적으로 받아들이라는 뜻으로 해석되지 않는 경우를 수없이 보아왔다. 뭔가가 불가피하다는 것을 안다고 해도 막상 그것이 닥칠 때 반드시 행복하게 받아들이게 되는 것은 아니다. 그런 면에서 우연을 중시하는 흄의 이러한 생각은 우리가 죽음을 수용하는 데 유익한 방편이 될 것이다.

정직한 불신자를 위하여

흄은 1776년 8월 25일 일요일 오후 4시경 세상을 떠났다. 장례식은 8월 29일에 치러졌다. 모스너는 "세인트데이비드스트리트에는 운구 행렬을 보기 위해 많은 군중이 운집했다. 그중 한 사람이 '아, 그는 무신론자였지'라고 말하자 같이 있던 다른 사람이 '무슨 상관이야. 정직한 사람이었는데'라고 대답했다"라고 전한다. 그러나 모두가 흄에게 그러한 경의를 표한 것은 아니었다. 흄의 가족은 장례식이 끝난 뒤에도 며칠 동안 묘가 훼손되지 않도록 지키느라 장지를 떠나지 못했다. 이후 더 고상한 공격이 뒤따랐다.

감리교 창시자 존 웨슬리는 흄이 사망한 뒤 '인간 마음의 기만'이라는 주제로 설교를 했다. "데이비드 흄은 인간의 마음을 알고 있었을까요? 땅속에 사는 벌레만큼도 몰랐습니다. '죽음이라는 화살을 가지고 나태하게 놀이를 벌이고' 나니 여전히 죽음이 우스운 문제라는 생각이 들던가요? 흄 당신은 카론을 어떻게 생각합니까? 그가 당신을 스틱스강 건너로 데려갔나요? 그는 드디어 당신 자신의 마음에 대해 조금이라도 알게 해주었습니다! 당신은 마침내 살아 계신 하느님의 수중으로 떨어지는 것이 무시무시한 일이라는 것을 알게 되었단 말입니다!"라고 외쳤다.

오늘날 감리교파는 꽤 진보적인 교단으로 통하고, 웨슬리 또한 훌륭한 기독교도로 명망이 높은 인물이지만, 흄을 겨냥한 그의 공격은 비열했다. 그의 비난은 종교를 믿는다고 도덕성이 고결한 것은 아니라는 진실을 가장 잘 보여주는 실례다.

흄이 옹호한 세속적 공감과 연민은 종교가 부추기는 이른바 '옳은' 반감보다 훨씬 더 심금을 울린다. 흄의 도덕성은 온화한 것이었던 반면, 초기 감리교도들의 도덕은 죄인을 위로하기보다 불편하게

흄의 무덤

1776년 8월 25일, 영원히 잠든 흄은 나흘 뒤 칼튼힐 발치에 있는 올드칼튼묘지에 묻혔다. 그와 가깝게 지냈던 애덤 스미스는 추도사에서 이렇게 말했다. "전체적으로 저는 그가 살아생전에 나 사후에나 인간의 나약함이라는 본성이 허용하는 선에서 어쩌면 완벽하게 지혜롭고 도덕적인 인간이라는 개념에 거의 근접한 사람일 수 있겠다고 항상 생각했습니다."

만들기 위한 목적으로 설계된 것이었다. 예배당 바닥에 붙어 움직이지 않는 긴 의자처럼 경직된 요지부동의 도덕. **경직된 종교의 도덕보다 인간다운 연민이 낫다.**

흄은 "내 묘에 세울 기념비는 100파운드를 넘지 말 것이며, 비석에는 오직 이름과 생몰 연도만 기록하고 나머지는 후대가 기록하도록 해야 한다"라는 유언을 남겼다. 흄의 묘를 설계한 인물은 그의 친구였던 건축가 로버트 애덤이다. 그러나 애덤 스미스는 이 묘를 영 마뜩지 않게 여겼다. "나는 저 묘가 마음에 들지 않는다. 내 친구 흄이 보인 가장 큰 허영이다."

이 묘는 지금도 남아 있다. 애덤 스미스가 흄의 묘를 좋아하지 않은 이유도 알 만하다. 묘는 에든버러 시가지가 내려다보이는 칼튼힐 발치의 올드칼튼묘지에 자리하고 있다. 흄의 발자취를 따르는 여정을 시작한 곳도 이 칼튼힐이다. 흄은 이곳에 묻힌 명사들 중 단연 최고의 명사다. 묘지 입구에 설치된 목재 명판에 그의 이름이 올라 있다. 명판에는 철학자 토머스 리드와 수학자 존 플레이페어의 이름도 보인다.

흄의 묘는 고대 로마식으로 지은 원통형의 회색 석조 건물이다. 장식도 단출하다. 건물 꼭대기 부분을 둥그렇게 둘러가며 꽃 모양 프리즈를 박아 넣은 것이 유일하다. 묘 내부도 아주 단조롭다. 지붕 위쪽이 뚫려 있어 하늘이 보인다. 수년간 방치된 탓에 안에서 풀이 마구 자라난 것을 최근에 손을 보아 지금은 상태가 양호하다. 요란스러운 묘는 아니지만 규모만으로도 위엄과 자만심이 풍겨 나온다. 흄이 표명한 절제와는 그다지 어울리지 않는 묘다.

그러나 실제로 흄의 묘에 가보면 감동하게 된다. 나는 이곳에 여러 번 와보았기 때문에 사정을 아는 편이다. 이곳은 온 도시가 사람들로 붐비는 에든버러축제 기간에도 방문객으로 넘쳐난 적이 없다. 역사상 가장 위대한 철학자의 기념비가 버젓이 서 있는데도 방문객도 별로 없이 도시의 귀퉁이에 동그마니 앉아 있다는 사실은 철학자들에게 어떤 교훈을 주는 것만 같다. 철학자가 인류에게 중요한 존재라는 자만을 버리고 겸허해지라는 교훈 말이다.

해리스에 따르면 비방자들이 있었음에도 불구하고 세상을 떠나던 당시의 흄은 "당대 가장 유명하고 널리 존경받는 문필가 중 한 명"이었다. 《런던 크로니클》에 실린 한 편지에는 "작고한 흄 선생보다 널리 읽히고 인정을 받는 인물은 오늘날 없다"라는 표현이 등장한다. 1767년에 한 친구가 쓴 편지를 보자. "자네는 내가 알던 어떤 인물보다 모든 지위의 사람들에게 두루 사랑받는 인물이야. 내 장담하지. 절대로 아첨이 아니네."

더 나은 삶을 위한 철학

흄의 업적이 지닌 의의가 진정한 평가를 받게 되기까지는 오랜 세월이 걸렸다. 모스너는 흄의 "인간 본성에 대한 탐구"가 "그의 세대에게 묵살당하거나 오해에 시달렸으며, 20세기 들어서야 비로소 공감과 이해를 받게 되었다는 사실"을 개탄한다. 모스너의 말이 과장일수도 있으나 불행히도 진실에 더 가깝다. 흄 자신이 비용까지 책정해둔 묘 이외에 에든버러 최고의 철학자를 위한 기념비가 하나도 없었다는 사실을 생각해보라. 실물 크기의 1.5배 정도 되는 흄의 동상이 로열마일에 세워진 것은 1997년이나 되어서였다.

에든버러 출신의 조각가 샌디 스토더트가 만든 이 신고전파 양식의 동상은 묘보다 훨씬 더 큰 논란거리가 되었다. 흄은 고대 그리스 철학자의 헐렁한 옷을 걸치고 앉아 있는데, 주름진 옷 때문에 흄의 오른쪽 어깨와 가슴이 벌거벗은 채로 노출되어 있다. 오른손으로 잡은 텅 빈 석판은 오른쪽 무릎에 얹혀 있다. 빈 석판은 십계명으로 대변되는 종교적 확신과 그의 회의론 간의 대비를 상징한다. 스토더트는 흄을 진지하고 잘생긴 모습으로 만들었지만, 실제로 흄은 잘생기지도 진지하지도 않았다. 사는 동안 그의 몸집은 아름답다고 보아주기에는 지나치게 비대했다.

스토더트의 동상이 흄의 내면을 막연하게나마 포착했다면 그의 신체적 특징을 반영하지 않았다는 점은 그다지 중요하지 않을 수도 있다. 하지만 내 생각에 이 동상은 흄의 내면조차 제대로 포착하지 못했다. 흄은 동상에 표현된 것처럼 고압적이거나 거만하지 않았다. 가령 작가이자 출판업자였던 제임스 콜필드는 흄의 외모를 놀리면서도 흄이야말로 "정말이지 인정 많은 성정을 타고났다. 그의 인류애는 넓고 깊었다. 그는 늘 사람들을 쾌활하고 겸손하게 대했다. 그의 마음은 따뜻하고 친근했으며 박애심이 지극했다"라고 전했다.

흄은 덕망 높은 인물로 크게 존경받았다. 하지만 겸손하기도 했을까? 그의 편지를 보면 종종 겸손하다는 느낌을 주려고 애를 쓰기는 하지만 어느 정도 긍지가 강했던 인물로 보인다. 그의 내면에는 자만심과 겸허함 간의 긴장이 있었던 것 같다. 100파운드라는 적잖

로열마일에 있는 흄의 동상

유구한 이성 중심의 역사에 도전장을 내밀었던 흄의 사상은 20세기 들어서야 비로소 이해와 공감을 받기 시작했다. 그런 만큼 스코틀랜드가 낳은 최고의 철학자임에도 그를 기리는 기념비는 오랫동안 하나도 없었다. 현재 로열마일에 있는 그의 동상은 1997년이나 되어서야 세워진 것이다.

은 돈을 남겨 기념비를 세우라고 하면서도 써야 할 문구는 소박하게 해야 한다는 고집에서 이러한 양면성을 볼 수 있다.

흄은 편지에 종종 자신의 성격에 관해 스치듯 언급했다. 대개는 자신의 자만을 조롱하는 내용이었다. 하지만 흄은 최소한 두 차례 자신에 관해 체계적으로 기술하려 시도한 적이 있다. 죽음이 다가오고 있다는 것을 알고 쓴 『나의 생애』에는 그가 자신에 대해 기술한 내용이 꽤 길게 나온다. 비교적 후한 평가다.

나는 지금, 아니 과거에(지금 나 자신에 대해 말할 때는 과거형으로 써야 할 것 같다. 그래야 내 생각을 더 대담하게 표현할 수 있을 테니까) 온화하고 화를 잘 참는 기질의 소유자였고, 개방적이고 사교적이고 쾌활한 유머를 지녔으며, 애정은 허용하지만 미움은 거의 허용하지 않는, 열정을 절제할 줄 아는 인간이었다. 나를 지배하던 열정은 문필가로 이름을 떨치는 것이었지만 빈번히 좌절했다. 그러나 그 때문에 평정심이 흔들린 적은 결코 없다. 젊고 무모한 사람들이건 학구적인 문필가들이건 모두 나와 어울리기를 싫어하지 않았다. 더욱이 기품 있는 여성들과 어울리는 특별한 기쁨을 누릴 때 그들이 나를 환대해주는 데서 불쾌함을 느낄 이유는 전혀 없었다. 한마디로 대부분의 현명하고 유명한 사람들은 비방을 받는다고 불평할 거리를 찾아냈지만, 나는 결코 비방이라는 악의적인 이빨에 물린 적이 없다. 아니 비방이라는 이빨은 나를 건드린 적조차 없다.

— 데이비드 흄, 『나의 생애』 중

흄의 성격에 대한 더 중요한 설명은 에든버러왕립학회가 가지고 있던 「___의 성격, 본인이 직접 쓰다」라는 제목의 문서에 등장한다. 물론 이 문서의 내용은 흄이 직접 쓴 것은 아니지만 그의 친필로 교정이 되어 있다. 학자들은 이 문서가 흄이 바라본 자기 자신에 관한 글이라고 추정한다. 여기에는 흄을 정의하는 열여섯 가지 특징이 등장하는데, 그중 첫 열 개의 특징은 다음과 같다.

1) 매우 선한 사람이다. 그의 인생이 추구하는 변함없는 목적은 장난을 치는 것이다.

2) 스스로 사심이 없다고 생각한다. 자만심 외의 다른 정념은 전혀 없기 때문이다.

3) 매우 부지런하다. 자신이나 남들에게 도움이 되지 않을 뿐이다.

4) 글은 방탕하나 말은 조심스럽다. 행동은 훨씬 더 신중하다.

5) 적이라고는 없다. 자초하지만 않았다면. 남의 미움을 받기 원하는 것 같은데 정작 받는 것은 조롱뿐이다.

6) 적들에게 상처를 받은 적이 없다. 적을 미워한 적이 없기 때문이다.

7) 저속한 편견이 없다. 자신만의 편견으로 가득 차 있을 뿐이다.

8) 수줍음이 심하고 얌전한 편이지만 절대로 겸손하지는 않다.

9) 바보스럽다. 현명한 사람들이라면 하지 않을 짓을 할 수 있는 능력이 있다.

10) 현명하다. 심한 얼간이조차 알아볼 수 있는 경거망동을 하는 문제가 있기는 하다.

— 어니스트 캠벨 모스너, 『데이비드 흄의 생애』 중

다른 사람을 의식한 듯 보이는 역설 가득한 자화상이다. 반어적인 태도 때문에 묘사된 특징이 어느 정도 진실인지, 아니면 유머 효과를 위한 과장인지 알기 어렵다. 그러나 대체로 이 자화상은 흄이 자신에 대한 인식과 지식의 수준이 높다는 것을 보여준다. 이성적이고 현명하고 침착하며, 부정적이고 하찮은 감정에 휘둘리지 않기를 바라는 고귀한 열망을 품은 한 인간의 모습이 고스란히 드러난다. 그러나 자신이 그 높은 기준에 미치지 못한다는 것, 자만심과 편견과 자기 탐닉에 빠져 타인에게 도움이 되는 일보다는 자신의 흥미를 끄는 일만 뒤쫓는 인간이라는 진실을 뼈저리게 알고 있는 모습도 엿보인다. 이 글은 우리가 자신과 타인의 인격을 평가하는 방법에 대한 하나의 모범을 제시한다. **자신이 용감한지 비겁한지, 관대한지 이기적인지, 차분한지 경박한지 자문하지 말고 그 모든 특징을 얼마만큼 어떤 방식으로 드러내고 있는지 자문하라.** 그러나 나머지 여섯 개의 특징은 역설이 희미해지고 진지함이 더해졌다.

11) 사교적이나 고독하게 살고 있다.

12) 열렬한 신념의 소유자이나 종교는 없다.

13) 철학자이나 진리 추구는 포기했다.

14) 도덕주의자이나 이성보다 본능을 선호한다.

15) 여성에게 애정을 구하되 가정이 있는 사람들에게 불쾌감을 주는 일은 없다.

16) 학자이나 배운 것을 과시하지 않는다.

— 어니스트 캠벨 모스너, 『데이비드 흄의 생애』 중

11번은 흄의 인생을 지배하는 긴장을 드러낸다. 라플레슈에서 누린 고독에 대한 열망과 파리에서 누린 친교에 대한 애정 간의 긴장이다. 흄은 이 모순을 자연스러운 것으로 받아들인 것 같다. 그는 분명 월트 휘트먼의 「나 자신의 노래」에 나오는 다음의 구절에 고개를 끄덕였을 것이다.

나는 내가 아닌가?
좋다. 그럼 그러라지.
(나는 아주 커서, 수많은 존재를 담고 있으니.)
— 월트 휘트먼, 「나 자신의 노래」 중

흄은 휘트먼보다 100년 먼저 자신의 모순에 대해 썼고, 인간이 왜 수많은 존재를 담고 있는지를 설명함으로써 한걸음 더 나아갔다. 자아에 관한 흄의 다발 이론은 한 인간을 구성하는 욕망과 신념과 사유와 기억의 덩어리, 다시 말해 다발에 완벽한 일관성이란 없다는 것을 피할 수 없는 진실로 제시한다.

그러나 위의 특징 중 12번에서 16번까지 마지막 다섯 가지는 흄의 강점을 정확히 짚어내기 위한 진지한 시도로 보인다. 그뿐만 아니라 그의 철학을 요약하는 기능도 한다. 첫째, 그는 "열렬한 신념의 소유자이나 종교는 없다." 앞에서 본 것처럼 흄은 열광을 의미하는 "열렬한 신념"을 반대했다. 존슨의 사전에 제시된 대로 당시 '열광'은 대체로 부정적 함의를 담고 있는 단어였다. 열광적인 사람은 "사적인 계시를 헛되이 부풀리는" 사람, "신과의 소통에 대한 헛된 확신을 가진" 사람, "열띤 상상이나 격렬한 열정, 혹은 과장된 공상이나 드높은 관념을 소유한" 자를 뜻했다. 여기서 흄은 종교적인 사람들에게서 발견한 악덕으로부터 자신 또한 완전히 자유롭지는 않다는 것을 솔직하게 인정한다. 그는 신의 생각을 아는 척하지는 않았지만 인간 본성에 대한 완전한 이론을 만드는 데 착수할 만큼 패기에 넘쳐 있었고, 이 때문에 자신 또한 "과장된 공상이나 드높은 관념을 소유한" 후보자로 등극했다. 자신의 약점을 수용하려는 흄의 의지는 왜 그가 프랑스 계몽주의자들과 달리 그토록 종교적 믿음에 관대했는지를 알 수 있게 해준다. 흄의 생각에 **누구나 어느 정도 오류에 빠지기 쉬운 어리석은 존재라는 것을 망각한다면 독단적인 인간이 되고 만다.**

둘째, 그는 "철학자이나 진리 추구는 포기"한 자다. 자신이 생각하는 철학자의 조건을 간결하면서도 시적으로 표명한 문구다. 흄은 사실의 문제에서는 확실성을 늘 잡을 수 없다는 것, 그러므로 철학자들이 예로부터 추구해왔던 순수하고 확실하며 명료한 종류의 진리를 포기해야 한다는 것을 받아들였다. 확실성을 포기해도 철학은 가능하다. 사물을 더 잘 이해하려 노력하고, 진실에 더 가까이 가려 애쓰며, 진리의 더 많은 부분을 보려 고군분투하는 철학자. 진리를 찾을 수 없다는 체념은 철학을 포기하는 것이 아니다. 오히려 **정직하고 참된 철학자가 되려면 진리를 찾을 수 없음을 겸허히 받아들여야 한다.**

셋째, 흄은 "도덕주의자이나 이성보다 본능을 선호"한다. 이 문구가 모순처럼 느껴지는 사람이 있다면 도덕에 관해 잘못된 시각을 가지고 있을 뿐이다. 여기서의 핵심은 이성이 도덕의 토대를 제공해준다는 믿음을 버리는 것이 도덕주의자의 종착지가 아니라 오히려 올바른 도덕주의자가 되기 위한 출발점이라는 것이다. 도덕철학은 인간 본성과 감정에 대한 이해에 기반을 두어야 한다.

넷째, 흄은 자신이 여성에게 친절하되 가정이 있는 사람들에게 불쾌감을 주지 않는다고 말한다. '여성에게 친절한 남자gallant'라는 단어는 오늘날에는 고어가 되다시피 했고, 정중함이나 용맹이라는 뜻만 남아 있다. 흄의 시대에 여자한테 친절한 남자(애인)는 더 애매모호한 사람이었다. 존슨은 이 단어의 일차적 의미를 "쾌활하고 활기 넘치며 멋진 남자"로 제시하면서도 여자를 "유혹하여 타락시키려는" 의중을 품은 "호색한", 혹은 더 온건하게는 "구애하는 남자"를 의미할 수도 있다는 데 주목했다. 따라서 흄의 자기 묘사는 모순이라기보다는 명료한 설명에 가깝다. 그는 여성들과 함께하는 것을 즐겼던 쾌활한 남자였고, 자신의 매력으로 여성들을 유혹하는 일도 좋아했지만 행동거지는 늘 담백했고 지나침이 없었다. 그의 친절은 올바른 의미에 국한되어 있었다.

마지막으로 흄은 "배운 것을 과시하지 않는다"라고 했다. 이것은 흄의 가장 명쾌한 자화자찬인 듯하다. 하지만 여기서도 그가 전하는 메시지는 간단하지 않다. 존슨의 사전에 따르면 과시는 자랑을 뜻할 수 있지만 더 소박하게는 "외부 노출"이나 "외양"을 의미하기도 한다. 흄은 자신이 배운 바를 과시할 의도가 전혀 없다는 것뿐만 아니라, 자신의 학식이 눈에 띄는 종류의 것이 아니라는 것, 이는 미덕일 뿐 아니라 결함일 수도 있다는 말을 하고 있는 것이다. 그의 정확한 의도가 무엇이건 학문에 대한 부분을 마지막 항목에서나마 꽤 비중 있게 언급하고 있다는 사실은 의미심장하다. 그가 보기에 지적 성찰로 인간애를 가리지 않도록 주의하는 일은 언제나 중요했다. 따라서 학식을 과시하지 않는 그의 태도는 그저 겸허함의 문제가 아니라 학식을 올바른 자리에 놓는 문제이기도 했다. **배움은 가치 있는 삶의 일부일 뿐 지식의 기계가 된 인간의 전유물이 아니다.**

훌륭한 철학자라면 세상을 더 풍요롭게 하는 데 도움을 준다. 그들이 없다면 세상은 더 빈곤해진다.

> 정교하고 드높은 식견이 상식만큼 유용하지 않다 해도 그 식견의 희귀성과 참신함, 그들이 추구하는 대상의 고결함은 유용성이 부족하다는 결점을 어느 정도 보상해줄 수 있다. 인류는 이러한 식견에 탄복한다. 금이 철보다 유용하지 않아도 고귀함으로 인해 가치를 부여받고 우월해지는 것과 같은 이치다.
>
> — 어니스트 캠벨 모스너, 『데이비드 흄의 생애』 중

흄의 철학이야말로 더 나은 삶을 사는 데 도움을 준다. 그의 가문 모토는 "끝까지 참될 것"이었다. 흄은 끝까지 진실했고, 자신의 회의론을 지켰으며, 죽음을 맞이할 때도 살 때와 다름없이 정직했다. 그의 철학은 대부분 오늘날에도 진실의 힘을 잃지 않았다. 나는 앞으로도 그러리라고 생각한다. 최소한 오류 투성이인 우리 인간이 단체로 종말을 맞이할 때까지는 말이다.

흄이 말하고 몸소 실천했던 삶에 대한 태도 중에서 내가 가장 좋

아하는 내용은 「회의론자」에 나온다. 아래의 단락은 흄이 전개한 철학의 핵심은 아니다. 하지만 나는 이 단락에서야말로 흄의 생각뿐만 아니라 진실한 감정이 온갖 의심을 뚫고 빛을 발하고 있다고 생각한다.

한마디로 인간의 삶을 지배하는 것은 이성보다 운이다. 인간의 생이란 진지한 일이 아니라 지루한 취미에 더 가까우며, 일반 원칙보다 일시적인 기분에 더 큰 영향을 받는다. 열정과 불안에 빠져 살아야 할까? 별로 생각할 가치가 없다. 일어나는 일에 무심해야 할까? 무심하고 냉정하면 놀이의 즐거움을 모조리 잃어버리게 될 것이다. 삶을 놓고 이성적 추론을 하는 동안 삶은 저만치 가버린다. 죽음도 마찬가지다. 사람들은 죽음을 저마다 다르게 받아들이지만 죽음의 입장에서는 바보나 철학자나 똑같다. 빈틈없이 정확한 규칙과 체계로 삶을 환원해보았자 고통만 더하고 결실도 없다. 상을 타겠다고 애쓰며 산다는 것 자체가 받을 상을 과대평가한다는 증거가 아닐까? 상을 주의 깊게 생각하는 일도, 상의 타당한 관념을 정확히 알아내는 일조차도 모두 상을 과대평가하는 짓일 뿐이다. 물론 어떤 기질의 사람들에게는 그 일이 살면서 할 수 있는 가장 재미나는 일일 수도 있겠지만.

— 데이비드 흄, 『도덕, 정치, 문학에 관한 평론』 중

01 회의론

가장 넓은 의미에서 회의론자는 모든 것을 의심한다. 그러나 회의론의 방식은 다양하다. 데카르트의 회의론은 확실한 지식에 도달하기 위한 방법이었다. 모든 것을 의심해야만 확실한 것을 볼 수 있기 때문이다. 흄은 이를 '선행적 회의론'이라고 불렀다. 고대 그리스 철학자인 피론은 모든 것을 의심해야 한다고 주장했다. 확실하게 믿을 수 있는 것은 아무것도 없다는 이유에서다. 흄은 이러한 사상을 '피론주의'라 칭했다. 흄 자신은 데카르트와 피론보다 더 온건한 '완화된 회의론'을 주창했다. 그는 무엇이건 확신은 불가능하지만 그렇다고 모든 믿음을 중지하는 것 역시 불가능하기는 마찬가지라고 여겼다. 설사 믿음을 중지하는 것이 확실성에 도달하기 위한 방법이라 해도 마찬가지다. 인간은 인과법칙과 외부 세계의 존재가 실제로 존재하는 양 믿으며 살아갈 수밖에 없다. 그러나 분명 확신은 불가능하기 때문에 독단에 빠지는 것은 금물이다. 종교 문제에 관해서는 특히 그러하다. 어떤 것이건 자신의 생각이 틀렸을 가능성에 대해 개방적인 태도를 견지해야 한다. 흄의 회의론은 겸손을, 그리고 믿음이 잠정적일 수 있다는 것을 옹호한다.

02 인상과 관념

흄은 대체로 존 로크, 조지 버클리와 함께 영국의 위대한 경험론자 중 한 사람으로 꼽힌다. 경험론은 지식이 순수이성이 아니라 경험에서 유래한다고 본다. 흄의 경험론에서 지식에 도달하는 과정은 인상에서 시작된다. 인상은 오감을 통한 지각, 혹은 통증, 배고픔, 감정처럼 자극을 통해 오는 감각이다. 이러한 인상은 머릿속에 일종의 흔적을 남기는데, 흄은 이 흔적을 관념이라 칭했다. 가령 고양이를 본(인상을 받은) 다음에는 녀석이 그곳에 없어도 생각할 수 있다. 이것이 고양이에 대한 관념을 갖는다는 뜻이다. 흄은 단순한 모든 관념은 인상에서 비롯된다고 주장했다. 단 예외는 있다. 전에 본 두 가지 색깔 사이에 존재하는 다양한 색조는 본 적이 없어도 상상할 수 있다. 단순한 관념들을 결합하여 복잡한 관념들을 만

경험주의자들은 갓 태어난 인간의 정신을 아무것도 쓰여 있지 않은 종이에 비유했다.
디에고 벨라스케스가 그린 〈아무것도 쓰여 있지 않은 종이를 들고 있는 무녀 시빌〉.

들어내는 것도 인상에서 비롯되지 않은 관념의 예다. 가령 유니콘이라는 관념은 말과 뿔
에 대한 관념에서 창조한 것이다. 관념마다 그에 상응하는 인상이 있어야만 한다는 믿음
으로 인해, 그렇다면 우리는 어떻게 인과 관념에 도달하는지에 관한 난제가 생겨났다.

03 필연적 연결

우리의 일상은 규칙적인 원인과 결과에 대한 가정을 바탕으로 이루어진다. 가령 물은 갈증을 해소하고, 스위치를 켜면 불이 들어오며, 열은 방을 덥혀준다. 우리는 대체로 원인과 결과 사이에 필연적 연결이 있다고 상정한다. 하지만 인과를 믿는 근거는 무엇인가? 흄에 따르면 우리는 원인과 결과 사이의 연결을 관찰할 수 없다. 우리가 보는 것이라고는 그저 한 가지 사건 다음에 또 다른 사건이 뒤따른다는 것뿐이다. 인과성은 눈에 보이지 않는다. 그렇다고 논리를 이용해도 인과 원리는 성립되지 않는다. 불이 추위를 유발할 수 있다고 말하는 것은 논리적 모순이 아니다. 따라서 필연적 연결이라는 관념은 경험이나 이성의 산물이 아니라 그저 습관의 산물이다. 필연적 연결은 정신의 산물로서, 인과성으로 연결되어 보이는 것들 사이의 연계성을 날조한다. 그렇다고 흄이 인과의 실재 자체를 의심하는 것은 아니다. 인과는 인간에게 없어서는 안 될 필수적인 지식이다. 그가 반대하는 것은 인과에 대한 앎을 이성으로 얻을 수 있다고 생각하는 것이다. 흄은 인과에 대한 우리의 앎이 자연적인 본능의 산물이라고 생각한다.

04 공감

흄에게는 이성이 아니라 공감이야말로 도덕의 기초였다. 그가 생각하는 공감은 오늘날 우리가 생각하는 공감과는 의미가 좀 다르다. 공감은 '자신의 성향이나 정서와 다르거나 심지어 반대되는' 타인의 '성향과 정서'를 받아들이는 능력이다. 공감은 이런 의미에서 감정이입과 더 비슷하다. 감정이입은 타인의 감정을 공유하는 능력뿐만 아니라 타인들이 세계를 보는 방식을 지적으로 이해하는 능력이라고 볼 수 있다. 윤리의 바탕으로 삼기에 인간의 감정이란 별로 탄탄해 보이지 않지만, 흄은 달리 선택의 여지가 없다고 생각했다. 그는 신의 계시를 전혀 믿지 않았을뿐더러, 그렇다고 도덕의 원칙을 세상에 대한 사실에서 끌어올 수도 없다고 주장했다. 존재에 관한 추론(사실)으로부터 당위에 대한 결론(도덕)을 이끌어낼 수는 없다. 존재와 비존재에 관한 추론은 경험을 통해서만 얻을 수 있는 것이기 때문이다. 따라서 윤리에서 이성의 유일한 효용은 도덕적 공감이 우리에게 말해주는 바를 확인해주는 작용, 그리고 우리가 다른 감정이나 잘못된 믿음이 아니라 도덕적 공감에 따라 진정성 있게 행동하고 있도록 보장해주는 작용에 있다.

흄은 도덕의 원천을 타인에 대한 감정이입 능력에서 찾았다. 페트로나 비에라가 그린 〈프렌드십〉.

05 자유의지

인간이 자연계의 일부이고 자연계는 인과의 엄격한 법칙에 따라 운행되고 있다면 우리는 어떻게 자유의지를 가질 수 있을까? 이 문제는 수백 년 동안 서양 철학자들을 괴롭혔고, 흄이 그 해결책을 제시했다. 그가 내놓은 해결책은 여전히 타당성이 가장 크다. 그는 "동기와 자발적 행동 사이의 연계성이 자연의 인과 사이의 연계성만큼 규칙적이고 균일하다는 것"을 받아들였다. 인간의 삶은 예외 없이 동기와 자발적 행동 사이의 연계성에 기대고 있다. 사람들의 행동이 많은 면에서 예측 가능하지 않다면, 그리고 사람들의 행동이 이들의 믿음과 성향에서 나오는 것이 아니라면 그러한 행동은 자유로운 것이 아니라 무작위적이고 제멋대로인 것이 된다. 무차별적인 자유, 인과의 필연에서 자유롭게 행동하는 능력은 불가능하며 바람직하지도 않다. 우리에게 필요한 유일한 자유는 '자발성의 자유'다. 자발성의 자유는 타인이나 다른 것에 의해 특정한 방식으로 행동하도록 강요받지 않고 행동하는 능력이다.

06 다발 이론

흄 이전의 자아 이론은 대부분 단순하고 통일된 단일 자아의 존재를 상정했다. 흄은 이러한 이론을 부수어버렸고, 결국 자아도 무너뜨린 셈이 되었다. 그는 우리라는 존재란 "상상할 없을 만큼 빠르게 이어지면서도 영구적인 흐름과 움직임 속에 있는 상이한 지각의 다발 혹은 집합"이라고 주장했다. 다시 말해 자아는 생각과 감정과 감각을 가진 존재가 아니라,

흄은 인간의 정신을 영구적인 흐름 속에 있는 지각들의 다발이라고 보았다.
로댕미술관 정원에 있는 〈생각하는 사람〉.

그저 이러한 것들이 정연하게 모여 있는 집합이라는 것이다. 충격적으로 들릴 수 있겠지만 생각해보면 우리는 인간을 제외한 다른 것들에 관해서는 그것이 부분의 합 이상은 아니라는 것을 별 문제 없이 이해하고 납득한다. 독립적인 자아에 대한 믿음은 플라톤의 비물질적 무형의 영혼 관념에 빚지고 있고, 이는 기독교에 의해 채택되어 훗날 데카르트에 의해 다시 공식화되었다. 흄을 비판하는 이들은 흄이 '다발'이라는 단어를 단수형으로 썼다는 데 과도하게 집착하면서 그의 생각을 경시한다. 토머스 리드는 흄이 "우리가 정신이라고 부르는 것은 그 어떤 주체도 없는, 생각, 정념, 감정의 다발에 불과하다"라고 믿었다고 말했다. 그러나 흄의 다발 이론에 "불과하다"라는 식의 느낌은 전혀 없다. 정신은 깊이 상호 연관된 경험들의 놀라운 네트워크다. 흄의 견해를 통해 보이는 자아의 경이로움은 커지면 커지지 결코 작아지지 않는다.

07 이성

흄은 이성의 힘을 묵살하는 것처럼 보일 때가 많다. 그는 이렇게 말한다. "경험에서 나오는 모든 추론은 이성이 아니라 관습의 결과다." 그의 주장에 따르면, 이성적 사유를 통해서는 "인과 관념에 도달하지" 못하며, 도덕에서도 "이성은 정념의 노예이며 그럴 수밖에 없다." 그러나 흄의 저작을 읽어보면 흄이야말로 이성적인 사유 외에는 다른 어떤 것도 별로 하지 않는 인간이었음을 알게 된다. 여기에 모순은 전혀 없다. 이성에 대한 흄의 회의론은 이성이 세계와 우리 자신과 도덕에 대한 지식의 토대라는 주장을 겨냥한 것이다. 지식의 토대로서의 이성은 무기력하다. 그러나 우리가 세계를 가장 잘 이해하도록 도와주는 도구로서의 이성은 가치가 크다. 흄은 이성을 쓰지 않는 방법을 설명하는 것이 아니라 어떻게 해야 이성을 탁월하게 쓸 수 있는지를 보여준다. 그는 천상에 군림하던 이성을 지상으로 추락시킴으로써 오히려 이성을 구원한 것이다. 흄의 말에 따르면 철학을 한다는 것은 "보통의 삶에 대해 이성적으로 추론하는 것과 본질적인 차이가 전혀 없다. 그리고 더 큰 진리는 아니더라도 더 큰 안정성을 기대할 수 있게 된 것은 이성의 더 정확하고 면밀한 작용 방식 덕분이다."

데이비드 흄 생애의 결정적 장면

1711 에든버러 론마켓에서 태어나 천사이드에서 소년 시절을 보내다

4월 26일, 변호사인 조피프 홈과 그의 아내 캐서린 팔코너의 2남 1녀 중 막내로 태어났다. 흄의 부모는 에든버러에서 동남쪽으로 자동차로 약 한 시간 걸리는 곳에 있는 천사이드라는 마을에 크지 않은 땅을 가지고 있었다. 이에 흄도 소년 시절의 대부분을 천사이드에서 보냈다. '머스Merse'라는 낮은 평야 지대인 천사이드는 오늘날 보아도 꽤나 외진 곳이지만, 이곳에서 흄은 초등 교육을 받으면서 자유롭게 성장했다. 훗날 그는 자신이 고독을 얼마나 사랑하는지, 사람들이 많이 모이는 곳을 얼마나 혐오하는지를 자주 말했는데, 어린 시절 천사이드에서 보낸 시간이 많은 영향을 주었을 것이다.

흄이 어린 시절의 대부분을 보낸 천사이드의 나인웰스하우스 옛 모습.

1723	열두 살의 나이에 에든버러대학교에 입학하여 그리스 고전, 논리학, 형이상학, 뉴턴의 자연철학 등을 공부하다.
1725	에든버러대학교를 떠나다. 이후 몇 년간 집에서 공부하면서 문필가의 길로 방향을 잡는다.
1729	신경쇠약으로 고통을 겪는데, 이러한 침체기는 5년 정도 이어진다.
1734	브리스틀에 있는 한 설탕 상인 밑에서 일하다. 여름에 프랑스로 가서 랭스에 머무르다.

1735 라플레슈로 옮겨 가다

흄은 문필가로서의 삶을 시작할 때와 끝나갈 때 프랑스를 찾았는데, 두 번 모두 그의 인생에 깊은 자취를 남겼다. 첫 번째 프랑스행의 목적지는 앙주 지방에 위치한 시골 마을 라플레슈였다. 이곳에는 르네 데카르트를 배출한 곳으로 유명한 예수회대학이 있었다. 이 대학은 가톨릭 기관 중에서도 가장 학식이 높은 곳으로, 프랑스 전역에서 찾아온 학생들이 학문적 토론을 활발하게 벌여나갔다. 흄은 비록 신앙과는 거리가 먼 인물이었지만, 학문적으로 비옥한 이곳에서 그의 대표작으로 남을 『인간 본성에 관한 논고』(줄여서 『인성론』)의 대부분을 집필했다. 흄은 이 책에서 경험과 관찰에 토대를 둔 새로운 인간학을 세우고자 했다.

라플레슈 예수회대학의 도서관.

1739 세 권으로 이루어진 『인성론』 중 제1권인 「오성에 관하여」와 제2권인 「도덕에 관하여」를 런던에서 익명으로 출간하다. 하지만 냉소적 평가를 받으면서 실망하고 나인웰스로 돌아가다.

1740 『인성론』의 핵심을 담은 『인성론 초록』을 출간하다. 『인성론』의 제3권인 『도덕에 관하여』를 출간하다.

1741 『도덕, 정치, 문학에 관한 평론』 제1권을 출간하여 호평을 받다.

1742 『도덕, 정치, 문학에 관한 평론』 제2권을 출간하다.

1744 에든버러대학교 교수 임용 심사에서 무신론자요 회의론자라는 이유로 고배를 마시다.

1745 영국 애넌데일 후작의 가정교사로 들어가 열두 달을 그와 함께 지냈다.

1746 5월, 제임스 세인트 클레어 장군의 제안으로 퀘벡으로 가는 군대 원정길에 비서로 동행했다가 이듬해에 귀국하다.

1747 2월, 클레어 장군의 요청으로 빈과 토리노로 가는 군대 원정길에 참가하다.

1748 『인성론』의 제1권을 수정하여 『인간 오성 연구』라는 제목으로 출간하다.

1751 형이 결혼하자 그를 따라 에든버러에 누나와 살 집을 마련하다. 12월, 『인성론』의 제3권을 수정하여 『도덕 원리 연구』라는 제목으로 출간하다. 글래스고대학교의 교수로 추천받았으나 또 다시 종교적 이유로 탈락하다.

1752 스코틀랜드 변호사협회 도서관 사서로 일하게 되다.

1754 『영국사』 제1권을 출간하다

스코틀랜드 변호사협회 도서관의 방대한 자료에 접근할 수 있는 기회를 얻게 되자 흄은 『영국사』를 집필하기 시작하여 1754년에서 1762년에 걸쳐 출간했다. 기원전 54년까지 거슬러 올라가는 이 방대한 작업으로 흄은 "영국의 가장 위대한 저술가" "스코틀랜드의 타키투스" "그 어떤 언어로 쓰인 책 중에서도 단연 최고" 등의 찬사를 받았다. 이 책은 에드워드 기번의 『로마제국 쇠망사』이 나오기 전까지 영국 최고의 역사 베스트셀러로 군림했다. 이 책의 성공으로 흄은 돈과 명예를 거머쥐었지만, 후세대는 그가 철학과 결별했다고 평가하기도 했다. 그러나 흄은 철학을 버리고 역사서를 쓴 것이 아니라 자신의 철학적 사유를 역사 속에서 살펴본 것이라고 해야 한다.

흄의 『영국사』

1756 『영국사』 제2권을 출간하다.

1759 『영국사』 제3권, 제4권을 출간하다.

1762 『영국사』 제5권, 제6권을 출간하다.

1763 프랑스 대사로 부임하는 허트포드 경의 비서로 파리로 가다. 파리의 살롱을 드나들며 장 르 롱 달랑베르, 드니 디드로 등과 사귀다.

1765 파리에서 장 자크 루소와 만나다

흄은, 당시 유럽에서 유명한 지식인이었지만 방랑 생활을 하고 있던 루소를 영국으로 초대하여 은신처를 마련해주는 등 보호자 역할을 자처했다. 그러나 루소는 그를 조롱하는 '프로이센 왕의' 편지가 파리에서 돌고 있다는 소식을 듣게 되자 피해망상에 사로잡혀 흄을 그 공범으로 의심했고, 급기야 흄에게 난폭한 비난을 퍼붓고는 절교를 선언했다. 18세기 유럽 계몽주의를 대표하는 흄과 루소의 만남과 반목은 둘의 기질과 철학 차이를 보여주는 좋은 예다. 흄이 극단을 지양하고 중용을 추구하는 가운데 사소한 일에서부터 세련되게 다듬어가는 삶의 태도를 중시했다면, 그런 그가 보기에 루소는 살아온 인생 내내 '감정'밖에 없었다.

자연 속에서 명상하는 루소.

1766   1월, 루소와 함께 영국으로 돌아와 그가 머물 집을 주선해주다. 6월, 루소에게 절
       교 통고를 받는다.
1767   허트포드 경의 동생인 콘웨이 장군이 국무대신이 되고 흄은 그 차관이 되다.
1769   공직에서 물러나 고향인 에든버러로 돌아오다.
1770   에든버러의 신시가지에 새 집을 짓기 시작하다.
1771   새 집으로 이사하다.
1775   자신이 대장과 간 질환에 걸린 것을 알게 되다.

1776   에든버러에 묻히다

 임박한 죽음을 예감하면서도 흄은 놀라울 만큼 차분하면서도 쾌활했다. 그는 누구보다
도 생을 사랑했지만 죽음 또한 불가피하다는 사실을 낙관적으로 받아들였다. 그런 가운
데 4월에 짤막한 자서전인 『나의 생애』를 썼고, 8월에는 『자연종교에 관한 대화』 출간을

조카에게 부탁했다. 8월 25일, 예순다섯 살의 나이로 생을 마감했다. 그 자신의 표현대로 "온화하고 화를 잘 참는 기질의 소유자였고, 개방적이고 사교적이고 명랑하고 쾌활한 성격을 지녔으며, 애정은 허용하지만 미움은 거의 허용하지 않는 인간, 열정을 절제하는 인간"이었던 그의 유해는 에든버러 시가지가 내려다보이는 올드칼튼묘지에 묻혔다.

흄이 묻혀 있는 올드칼튼묘지.

1779 『자연종교에 관한 대화』가 출간되다.

참고 문헌

Hume, David, *A Treatise of Human Nature*

        An Abstract of a Treatise of Human Nature

        An Enquiry Concerning Human Understanding

        Dialogues Concerning Natural Religion

        Essays, Moral, Political and Literary

        History of England

        Letters of David Hume, Volumes 1 and 2, ed. by J. Y. T. Greig, 1932.

        My Own Life

      , *New Letters of David Hume*, eds. by Raymond Klibansky and Ernest C. Mossner,

           Oxford University Press, 1954.

        "Idea of a Perfect Commonwealth"

        "Of Essay-Writing"

        "Of Moral Prejudice"

        "Of National Characters"

        "Of Passive Obedience"

        "Of Refinement in the Arts"

        "Of Suicide"

        "Of the Original Contract"

Harris, James A., *Hume: An Intellectual Biography*, Cambridge University Press, 2015.

Mossner, Ernest C., *The Life of David Hume*, Oxford University Press, 1980.

Rasmussen, Dennis C., *The Infidel and the Professor*, Princeton University Press, 2017.

사진 크레디트

옮긴이 오수원

서강대학교 영어영문학과를 나와 동 대학원에서 석사 학위를 받았다. 동료 번역가들과 '번역인'이
라는 공동체를 꾸려 전문 번역가로 활동하면서 인문, 과학, 정치, 역사, 예술 등 다양한 분야의 도서
를 우리말로 옮기고 있다. 옮긴 책으로『문장의 일』『처음 읽는 바다 세계사』『현대 과학·종교 논쟁』
『포스트 캐피털리즘』『세상을 바꾼 위대한 과학 실험 100』『쌍둥이 지구를 찾아서』『비』등이 있다.

클래식 클라우드 025

흄

1판 1쇄 인쇄 2020년 11월 18일
1판 1쇄 발행 2020년 11월 25일

지은이 줄리언 바지니
옮긴이 오수원
펴낸이 김영곤
펴낸곳 아르테

문학사업본부 이사 신승철
클래식클라우드팀 팀장 이소영
책임편집 임정우 클래식클라우드팀 김슬기 오수미
영업본부 본부장 한충희 영업 김한성 이광호 오서영
제작 이영민 권경민
해외기획팀 정미현 이윤경
디자인 박대성 일러스트 최광렬

출판등록 2000년 5월 6일 제406-2003-061호
주소 (10881) 경기도 파주시 회동길 201(문발동)
대표전화 031-955-2100 팩스 031-955-2151

ISBN 978-89-509-9260-6 04000
ISBN 978-89-509-7413-8 (세트)
아르테는 (주)북이십일의 문학·교양 브랜드입니다.

(주)북이십일 경계를 허무는 콘텐츠 리더

네이버오디오클립/팟캐스트 [클래식 클라우드 - 책보다 여행], 유튜브 [클래식클라우드]를 검색하세요.
네이버포스트 post.naver.com/classic_cloud
페이스북 www.facebook.com/21classiccloud
인스타그램 www.instagram.com/classic_cloud21
유튜브 youtube.com/c/classiccloud21